Sammler-Katalog

Blechspielzeug

Lil Abner and his Dogpatch Band
der US-Firma UNIQUE ART,
ein wunderschönes Uhrwerkspielzeug aus dem Jahre 1945,
Wert um 2000 DM.

Dieter Warnecke

BLECHSPIELZEUG

– Importe –

Erster deutscher Preisführer
über Blechspielzeug des Auslandes

Sollten Sie zum Thema Blechspielzeuge im Allgemeinen irgendwelche Fragen haben oder etwas über ein bestimmtes Spielzeug in Erfahrung bringen wollen, leitet der Verlag Ihren Brief gerne an den Autor weiter.

Für die Mithilfe an diesem Buch danke ich ganz herzlich: Herrn Jörg Tiede, Mister Eric P. Granstrand, Herrn Werner Siede, der Firma Tucher und Walther, Frau Nutz, Mister Joe Garritano sowie all meinen Freunden und Kunden, die mich durch zur Verfügung gestellte Exponate in meiner Arbeit unterstützten und mir so ermöglichten, eine gelungene Mischung quer durch das Sammelgebiet Blechspielzeuge zusammenzutragen.

Dieter Warnecke

Für Jörg

BATTENBERG VERLAG, AUGSBURG
© 1993 Weltbild Verlag GmbH
Das Werk einschließlich aller Teile ist urheberrechtlich geschützt.
Jede Verwertung außerhalb des Urheberrechtsgesetzes
ist ohne Zustimmung des Verlages unzulässig und strafbar. Das
gilt insbesondere für Vervielfältigungen, Übersetzungen,
Mikroverfilmung, die Einspeicherung und Verarbeitung in
elektronischen Systemen.
Satz und Repro: FOAG GmbH, Oberschleißheim
Gestaltung: Rainald Schwarz, München
Gesamtherstellung: Wiener Verlag, Himberg bei Wien
Printed in Austria
ISBN 3-89441-128-7

Inhaltsverzeichnis

An den Sammler

Liebe Leser,

ich möchte mit diesem Buch all denen unter Ihnen ein Wegbereiter sein, die sich gerade erst an das »Hobby« Blechspielzeug heranpirschen und sich noch nicht ganz sicher sind, in welche Richtung sich ihr Hobby entwickeln soll oder was sie beim Kauf künftiger Stücke beachten sollten. Meine bebilderte Preisliste wird Ihnen helfen, sich besser zurechtzufinden.

Sicherlich haben die hier aufgeführten Preise keinen Anspruch auf Endgültigkeit, aber sie zeigen Ihnen die aktuellen, auf Antik Trödelmärkten und Fachbörsen erzielten Preise der jeweiligen Exponate an. Als Besucher von Antikmärkten oder Spielzeugbörsen werden Sie sicherlich, da Sie nicht die Katze im Sack kaufen wollen, erst einmal einen Erkundungsrundgang machen, bei dem Sie Preise und Zustand des gewünschten Teiles vergleichen können. Sobald Sie das geeignete Stück gefunden haben, ist es dann eigentlich nur noch reine Verhandlungssache, bis Sie schließlich mit Ihrem Neuerwerb glücklich und zufrieden nach Hause gehen könnten, wären da nicht noch ein oder zwei weitere Teile, die Sie mindestens genauso gerne hätten, doch daß ist eine andere Sache, die in diesem Buch nicht behandelt werden soll.

Wenn man über Blechspielzeug schreibt, darf man nicht versäumen, auch Spielzeug der 70er und 80er Jahre, das zum großen Teil aus China, Indien, Rußland, Ungarn, der Tschechoslowakei sowie der früheren DDR kam, zu erwähnen. In all den genannten Ländern wird noch heute produziert. Oft reichen diese Produkte zwar qualitativ nicht an beispielsweise deutsche, japanische oder amerikanische heran, aber sie sind meist genauso bunt lithographiert und von ebenso großem Spielwert, wie ihre »Vorbilder«.

Einige der heute im Ausland hergestellten Spielzeuge, die unter Sammlern schon längst ein Begriff sind, werden noch immer mit den Originalwerkzeugen deutscher Firmen gefertigt. So verkaufte zum Beispiel Technofix einige Werkzeuge nach Rußland, wieder andere nach Ungarn. Kellermann (CKO) verkaufte Werkzeuge zur Herstellung der Garage sowie des Baukrans in die Tschechoslowakei. Für viele Sammler stellen diese Produkte eine willkommene Bereicherung zu den bereits etablierten Firmen dar, und Einsteigern bieten sie die Möglichkeit, sich auch mit geringem finanziellen Aufwand eine Sammlung aufzubauen. Eingefleischte Sammler zahlen bereits heute Beträge von mehreren hundert Mark für seltene Roboter oder Raumschiffe der 60er und 70er Jahre aus China, andere erfreuen sich der Vielzahl türkischer, ungarischer, indischer und chinesischer Motorräder der gleichen Zeit, die meist zwischen 30 und 70 DM gehandelt werden. Ein ebenso großes Sammelgebiet stellen indische Kleinstbahnen mit Uhrwerklokomotiven dar.

Doch auch deutsches Blechspielzeug neueren Datums findet immer mehr den Weg in heimische Vitrinen. Besonders erwähnenswert sind hier sicherlich die Firmen Nutz, Schopper, Rohrseitz, Bolz sowie Tucher und Walther, um nur ein paar zu nennen. Einige dieser Unternehmen sind bereits seit der Jahrhundertwende aktiv.

Die Firma Nutz zum Beispiel kaufte 1978 von Schuco die Werkzeuge zur Herstellung der »Micro Racer«, Druckgußflugzeuge mit und ohne Uhrwerk, einigen Bausätzen aus Kunststoff (Buggy, Porsche Targa sowie den Cadillac) und kleineren Booten. Von 1982 bis 1988 produzierte die Firma. Nach dem Tode von Herrn Nutz im Jahre 1989 wurden noch einige Restposten verkauft. Bei einem Gespräch teilte mir seine Witwe mit, daß sie alle Werkzeuge an einen Amerikaner aus San Francisco verkauft hätte, der nun, der geringeren Kosten wegen, in der Tschechoslowakei produzieren lassen wolle. Voraussichtlicher Herstellungsbeginn sollte Ende 1991 sein.

»Schopper« ist bekannt für eine Vielzahl von Karussells, die mittels Federzug aufgezogen werden, sowie einer größeren Anzahl realistisch wirkender und bedruckter Kinderküchen, die fast ausschließlich mit Esbit zu bekochen sind.

»Bolz« stellt bereits seit 1880 wunderschöne Musikdosen und Kreisel her, die auch heute noch zum Teil mit Motiven der viktorianischen Zeit und des Jugendstils lithographiert sind.

Da die Zahl der Leute, die Blechspielzeug sammeln, in den letzten drei Jahren rapide angestiegen ist und demzufolge die Nachfrage immer größer wird, fangen einige Firmen die Zeichen der Zeit erkennend an, ihre alten Werkzeuge wieder in Betrieb zu nehmen und wunderschöne, fast vergessene Spielsachen neu aufzulegen.

Darunter sind Betriebe wie beispielsweise: Gama, Paya aus Spanien, Meccano aus Frankreich sowie Bandai aus Japan, die unbestätigten Gerüchten zufolge Anfang 1993 einige ihrer großen Straßenkreuzer mit Heckflosse neu aufleben lassen wollen.

Doch die Firma, die kurze Zeit bei vielen Blechspielzeugsammlern und Händlern im Mittelpunkt des Interesses stand, war sicherlich die »Brandenburger Spielwaren GmbH«, die noch im Frühjahr 1991 auf der Nürnberger Spielwarenmesse verkündete, sie wolle einige der alten »Lehmänner« neu produzieren. Bei einem Gespräch mit der Firmenleitung wurde mir damals mitgeteilt, daß geplant sei, zwölf Teile zu reproduzieren. Den Anfang sollte das Flugzeug »Ikarus« machen. Weitere würden dann »Limousine Gala«, »Kletteraffe Tom« »Radfahrer Halloh«, »Berolina«, »Limousine Sedan«, »Galop«, »Oh My«, »Fesselballon Luna – Mars«, »Adam« sowie der Verkehrsturm »Berolina« sein. Diesem Ereignis sahen einige mit gemischten Gefühlen entgegen. Sammler freuten sich, nun auch einen »echten Lehmann« kaufen zu können, ohne gleich ihr Monatsgehalt »opfern« zu müssen, Händler jedoch befürchteten, daß der Wert der Originale zunächst etwas fallen werde.

Der Betrieb von Tucher und Walther aus Nürnberg bildet in der Branche die wohl rühmliche Ausnahme zu all den anderen, in Massen produzierenden Unternehmen, die sich in Deutschland auf die Herstellung, den Handel und Vertrieb mit Blechspielzeug spezialisiert haben. Es handelt sich hierbei um einen eher kleinen Betrieb, der sich jedoch seit seiner Gründung im Jahre 1978 schnell einen Namen unter Fachleuten machen konnte. Einiges aus der Firmenchronik von Tucher und Walther: 1977 konnte der gelernte Diplom-Kaufmann Tucher einige Zeit für Schuco arbeiten.

Anmerkung: Da Schuco seinen Kunden eine langjährige Garantie auf Uhrwerke, Motoren und andere technische Teile gab, wurde bei Beanstandungen immer Neuware als Ersatz ausgeliefert. Die sich so im Laufe der Jahre ansammelnden Reklamationen konnten Tucher und Walther durch einen glücklichen Umstand aufkaufen.

1978 bekamen sie einen Restposten von »Biller« Eisenbahnen. 1979 waren sie zum ersten Mal auf der Nürnberger Spielwarenmesse vertreten. Extra für diesen Anlaß fertigten sie einen Zeppelin aus Blech an. Der Zufall wollte es, daß ein Kunde Gefallen daran fand und 100 Stück orderte. Das war vor über 10 Jahren. Heute stellen sie bereits über 30 verschiedene Artikel pro Jahr her, die alle auf eigene Ideen zurückgehen.

In diesem Unternehmen wird noch heute jedes einzelne Spielzeug, das dazu noch limitiert ist (was es für Sammler noch begehrter macht) gelötet und zum Teil handbemalt. Mittlerweile bestellen Kunden aus aller Welt, so zum Beispiel Finnland, USA und Australien, um nur einige zu nennen, dieses handwerklich einzigartige Spielzeug aus Deutschland. Aus diesen Gründen kommt eigentlich kein Sammler an Tucher und Walther vorbei. Auf Anfrage teile ich Ihnen gerne mit, wo Sie dieses weltweit einzigartige Spielzeug beziehen können.

Beim Durchblättern meines Buches werden Sie sicher feststellen daß mein Hauptaugenmerk auf japanisches Blechspielzeug der 40er, 50er und 60er Jahre gerichtet ist, da ich persönlich gerade diese Art von bunt lithographiertem Spielzeug sehr schätze.

Bekannte Firmen wie zum Beispiel Bandai, Toplay (TPS), Marusan, Masudaya, Kanto, Dayia, Alps, Nomura, Yone, Yonezawa sowie Linemar und Ichiko, um nur einige zu nennen, bereichern die bunte, phantasievolle

Welt des Blechspielzeugs teilweise bereits seit den frühen 30er Jahren.

Batterieautomaten:
Diese speziellen Spielzeuge, die je nach Hersteller, Art und Größe bis zu sieben verschiedene Aktionen beherrschen, wurden eigentlich erst in den letzten 4 bis 5 Jahren in Deutschland unter Sammlern »salonfähig« und somit als sammelwürdig befunden. In den USA und natürlich auch im Ursprungsland Japan erfreuen sie sich bereits seit den frühen 50er Jahren einer ständig wachsenden Sammlerschar.

Das größte Problem ist es, die Mechanik eines solchen Spielzeuges auf Jahre zu erhalten. Durch unsachgemäße Lagerung, ausgelaufene (weil vergessene) Batterien, Staub und altes Maschinenöl im Innern eines Batterieautomaten entstehen die meisten, oft irreparablen Schäden. Da diese Automaten fast ausschließlich für den amerikanischen Markt produziert wurden, gestaltet sich die Suche danach auf deutschen Börsen nicht gerade einfach, sucht man ja nicht nur originale Automaten, sondern auch die dazu gehörigen Originalkartons.

Zu den Batterieautomaten gehören ebenfalls Spacer, Roboter, Lokomotiven, Fahrzeuge, Flugzeuge und Schiffe. Wie auch bei den in diesem Buch abgebildeten Teilen, kamen hier die meisten aus Japan.

Mein Tip: Achten Sie beim Kauf von Batterieautomaten immer auf den Zustand des Batteriefaches, nehmen Sie sicherheitshalber auf jede Börse, die Sie besuchen, je drei C- und D-Batterien mit, damit Sie sich nicht auf das Wort des Händlers verlassen müssen und so vor Ort das gewünschte Teil ausprobieren können. Das erspart Ihnen und dem Verkäufer im Ausnahmefall viel Ärger und Lauferei.

Ebenso empfehle ich jedem Käufer einen Uhrwerkschlüssel mitzuführen, um gegebenenfalls mit Absprache des jeweiligen Händlers, ein zu erwerbendes Spielzeug auf seine Gängigkeit zu überprüfen.

Technofix brachte zwischen den 50er und 70er Jahren weit über 100 verschiedene Bahnen heraus, die alle von sehr großem Spielwert waren. Die frühen Bahnen waren alle aus bedrucktem Weißblech. Beispiele hierfür sind der Campingplatz, Bellevue, Tobbogan, Big Dipper und Mountain Express, um nur einige zu nennen.

Anfang der 60er Jahre gab es bereits Tiefziehfolienbahnen, die nur noch zum Teil mit Blech verarbeitet wurden. Coney Island, Berg- und Talbahn, die Lift Garage und Loop the Loop gehören dazu.

Mit den 60er Jahren kam langsam die Wende, was mehr oder weniger auch das Ende der Blechverarbeitung, zumindest bei der Fa. Technofix bedeutete, was sicherlich auch auf negative Äußerungen der Medien in dieser Zeit zurückzuführen ist.

Diese suggerierten dem Verbraucher, Blechspielzeug sei für Kinder zu gefährlich und berge eine Menge unnötiger Unfallrisiken. Das alles geschah nur, um Plastikspielzeug wettbewerbsfähig zu machen. Zu dieser Zeit stellte der Betrieb ganz auf Tiefziehfolie um.

Doch auch diese Bahnen wurden damals noch sehr viel gekauft und sind heute, genau wie die älteren Blechbahnen begehrte und gesuchte Sammelobjekte.

»Technofix« war neben den Firmen »Wimmer«, Biller« und »Höfler« die übrigens alle vergeichbare, ähnliche Bahnen herstellten, der absolute Marktführer und unübertroffen an Ideenreichtum auf diesem Gebiet. Nicht umsonst zahlen bereits heute eingefleischte Sammler bis zu 700 DM für einen »Campingplatz« im Originalkarton oder bis zu 800 DM für eine ladenneue »Tower Bridge«.

Natürlich war Technofix auch bekannt für eine Vielzahl von Uhrwerk oder Bewegungsspielzeug sowie wunderschöne Motorräder, aber das ist ein Thema, dem ich mich in meinem nächsten Buch widmen möchte, da es zu komplex ist, um auf einigen Seiten abgehandelt zu werden.

Blechlokomotiven:
Auch sie gehören zu den japanischen Batterieautomaten. Die größten Hersteller von Loks waren und sind MT, TN, Kanto, Daiya und Yonezawa.
Sie brachten in mehr als 40 Jahren weit über 300 (katalogisierte) Züge heraus.

Die folgenden Abbildungen geben Ihnen einen kleinen repräsentativen Einblick in die Vielfalt und den Einfallsreichtum der Hersteller.

All diese Lokomotiven werden auf Börsen je nach Erhaltungszustand und Seltenheitsgrad zwischen 150 DM für MT- und TN-Loks der 60er und 70er und 300 DM bis 700 DM (und mehr) für seltene Teile von Bandai, Yonezawa u.a. der 50er Jahre und früher gehandelt.

Uhrwerkspielzeuge:
Ob Japan, Deutschland, Frankreich, Spanien, China, Indien, Rußland, Ungarn oder die USA, »Wind ups«, wie die Uhrwerkspielzeuge in Englisch genannt werden, sind und bleiben wohl des Sammlers liebstes Kind. Da aber mein Buch kein Fachbuch über so seltene Teile wie z.B. Lehmann, Stock, Carette, Günthermann o.ä., sondern ein rein unterhaltendes ist mit einem Querschnitt von Spielsachen, die noch heute öfter auf Börsen zu finden sind, zeige ich Ihnen einige Spielsachen aus den verschiedenen Ländern mit der Gewißheit, daß Sie einen Großteil der abgebildeten Exponate das ein oder andere Mal schon gesehen oder gar in Ihrer Sammlung haben.

Mein Tip: Uhrwerkspielzeug unbedingt von Zeit zu Zeit aufziehen, damit die Räder sich nicht festsetzen können. Achten Sie bitte auch darauf, daß sich die Feder ganz aufrollen kann und nicht noch halb aufgezogen in der Vitrine landet. In dieser Position belassen, ist die Feder auf Dauer sehr anfällig für Brüche.

Nutzfahrzeuge:
Viele Sammler spezialisieren sich auf bestimmte Sammelgebiete, z.B. Motorräder. Eine große Auswahl bieten hier die Firmen Schuco, Arnold, Technofix, Huki, Kellermann, TippCo oder Gama.

Wieder andere sammeln nur Schiffe, Batterieautomaten, Bewegungsspielzeug, Eisenbahnen oder Autos.

Doch eine Menge Sammler, auch aus meinem Kundenkreis, sammeln noch spezifischer. Bei dem einen zum Beispiel werden nur Opel-Modelle in die Vitrine gestellt, ein zweiter ist ständig auf der fieberhaften Suche nach Käfern, ein dritter hat eine große Auswahl an Nutzfahrzeugen zu Hause.

In den 50er und 60er Jahren waren hier sicher die Firmen Arnold, Göso, Gescha, TippCo und Gama marktführend.

»Deutsche« Auslandsprodukte

Ich sprach bereits am Rande an, daß einige der deutschen Firmen bei ihrer Schließung Werkzeuge ins Ausland verkauften.

An Hand einiger Beispiele möchte ich Ihnen einen kleinen Einblick über die zum Teil noch heute produzierenden Firmen geben, die fast ausschließlich in Osteuropa angesiedelt sind, der niedrigen Herstellungs- und Personalkosten wegen.

Die beiden bekanntesten Firmen waren Technofix und CKO (Kellermann). Technofix zum Beispiel verkaufte Werkzeuge zur Herstellung der »Busy Diesel« und des »Autoliftes« nach Rußland. Der einzige Unterschied zu den Originalen ist ein anderes Litho (Druck) auf den ausländischen Erzeugnissen.

Die »Rangierbahnen« Nr. 275 und 289 sowie das »Verkehrsspiel« werden heute in Ungarn hergestellt.

Der »Affe auf Dreirad« (Nr. 195) von Paya in Spanien hat seinen Vorgänger bei der deutschen Firma Arnold.

Doch auch Stücke von TippCo, Blomer und Schüler sowie NBN werden heute noch oder wieder produziert, allerdings in Deutschland.

So gibt es zum Beispiel die TippCo-Polizei der 60er Jahre, die im Original schwarz/weiß war, heute in Silber, Blau oder Grün zu kaufen.

Auch der TippCo-Polizei Porsche wird wieder in verschiedenen Farben, mit und ohne Fahrer angeboten.

Zwei der Blomer und Schüler Karussells werden noch immer mit dem Litho der 50er Jahre und Originalstempel bedruckt. (Das Firmenzeichen war ein Elefant, auf dessen Rücken B & S stand.)

Ebenso bekannt dürfte jedem Sammler der NBN-Elefant auf dem Dreirad sein, der, heute wieder produziert, selbst jetzt noch über den Aufdruck »Made in U.S. Zone Germany« am linken Bein verfügt.

Der Unterschied zum alten Original sind zum einen die heute verwendeten Plastik- bzw. Blechreifen, zum anderen eine etwas abgewandelte Form des Rollers.

Auch eine chinesische Variante des »Elefanten auf Dreirad« ist heute noch auf dem Markt.

Hier balanciert allerdings der Elefant statt eines Propellers einen Ball mit Seidenfäden auf dem Rüssel und fährt auf einem unlackierten, goldglänzenden Motorroller.

Einem professionellen Sammler werden all diese Unterscheidungsmerkmale wohl hinlänglich bekannt sein, einem Anfänger und Neueinsteiger jedoch rate ich, gerade solche Teile besonders gründlich unter die Lupe zu nehmen, um anschließenden Enttäuschungen vorzubeugen.

Doch nicht alles was neu hergestellt wird, ist deshalb für Sammler uninteressant.

Replikate mit geringen Auflagen sind heiß begehrt und erreichen zum Teil schon ein Jahr nach Erscheinen den doppelten oder dreifachen Wert.

Die wohl imposantesten Preissprünge machen hier Teile von Märklin, Paya sowie Tucher und Walther, um nur einige zu nennen.

Zwar legen sie, was die Steigerungrate anbelangt, nicht ein solch wahnsinniges Tempo wie »Swatch Uhren« oder »Steiff Replikate« vor, aber Gewinne bis zu einhundert Prozent und mehr sind auch hier keine Seltenheit mehr.

Über die Pflege alten Spielzeugs

Unter den im Buch angesprochenen Oberbegriffen »Batterieautomaten« und »Uhrwerkspielzeuge« gab ich Ihnen bereits einige brauchbare Tips zur Pflege beziehungsweise Erhaltung solcher Spielzeuge.

Was die Reinigung alter Blechspielzeuge angeht, entwickelt wahrscheinlich jeder Sammler für sich seine eigenen erfolgbringenden Methoden. Ich persönlich reinige die meisten meiner Stücke mit Fensterklar. Ja, Sie haben richtig gelesen. Einige schwören auf sanfte Seifenlauge, hierbei darf man allerdings nicht vergessen, daß gerade alte Spielzeuge mit Funktion kein Wasser vertragen, da es sich schnell irgendwo festsetzt und dort ihr schönes Stück rosten läßt, haben Sie nicht die Möglichkeit es nach der Reinigung wieder richtig abzutrocknen.

Den Lesern unter Ihnen, die dennoch auf Wasser schwören, möchte ich als Tip mitgeben, all die Stellen, die Sie mit einem Lappen nicht wieder trocken kriegen, entweder mit Wattestäbchen zu reinigen oder einem Stückchen Stoff, das um eine lange Pinzette gedreht wird.

Wollen Sie einmal meine Methode ausprobieren, beachten Sie folgende Punkte ganz genau:

Erstens nur solche Teile mit Fensterklar reinigen, die mit Glanzlack lackiert sind, also möglichst keine Spielzeuge vor 1950 und natürlich keine handlackierten Stücke.

Zweitens immer erst an einer kleinen Stelle ausprobieren, um auf Farbechtheit zu prüfen.

Reste von Preisetiketten mit Tesafilm abziehen, es nicht mit Alkohol oder Spiritus versuchen.

Sie haben ein batteriebetriebenes Spielzeug gekauft, das nicht funktioniert?

Säubern Sie das Batteriefach, schleifen Sie mit ganz feinem (wasserfesten) Schmirgelpapier leicht die Kontakte nach, da diese oxidiert sein können und achten Sie darauf, daß die Batterien richtig herum im Fach liegen.

Sollte es nun immer noch nicht laufen, nicht gleich ungeduldig werden und es auf den Tisch hauen oder gar draufschlagen, um es in Gang zu bringen.

Es gibt zwei gute Ratschläge von mir, die bestimmt in 90% der Fälle helfen.

1. Da der Motor eventuell nach Jahren oder manchmal auch Jahrzehnten der Nichtbenutzung festsitzen kann, kann es oft helfen, wenn Sie, um das ganze wieder in Schwung zu bringen, das gleiche versuchen, was auch Ärzte machen würden, wenn Sie einen Herzstillstand behandeln würden, nämlich Elektroschock.

In unserem Falle bedeutet es allerdings keine 220 Volt, sondern die beiden Pole mit einer etwas stärkeren, 6 oder 9 Volt-Blockbatterie zu verbinden. Sollte der Motor dann langsam wieder in Schwung kommen, einfach die normalen Batterien weiterbenutzen.

2. Batteriebetriebene Autos, Raumschiffe, also einfach Fahrzeuge aller Art, haben meist unter dem Boden eine mit zwei kleinen Rädern verbundene Scheibe, die das laufende Fahrzeug steuern soll.

Haben Sie alles ausprobiert, was ich unter Punkt 1 aufführte, bleibt Ihnen nur noch, wenn Sie das Fahrzeug nicht auseinander nehmen wollen, die Scheibe mit den Schwungrädern vorsichtig im Uhrzeigersinn zu bewegen, am besten wenn das Fahrzeug auf einem Teppichboden steht. Sollte auch das nichts bringen, kann einer der Drähte im Innern lose sein, oder einer der Kontakte ist verrostet beziehungsweise oxidiert.

In diesem Falle rate ich Ihnen, auf einem der Spielzeugmärkte einen Fachmann um Rat zu fragen. Manche Händler reparieren gegen einen kleinen Selbstkostenbeitrag Ihr gutes Stück, Garantie auf anschließende Funktionstüchtigkeit allerdings wird Ihnen niemand geben können.

Erläuterungen zu den Abbildungen

Sie werden in meinem Buch einige Artikel finden, die Ihnen vielleicht das eine oder andere Mal bereits auf Börsen beziehungsweise Märkten begegnet sind oder die Sie selbst in ihrer Sammlung haben, allerdings mit anderem Aufdruck (Lithographie) beziehungsweise aus einem anderem Herstellungsland als dem von mir angegebenen.

Es handelt sich hierbei nicht um Fälschungen, sondern teilweise um Reproduktionen der Originale, das heißt Teile, die von anderen Firmen, jedoch mit den Originalwerkzeugen gefertigt wurden. Wieder andere wurden zeitgleich mit den abgebildeten Stücken hergestellt.

Dieses wurde immer dann gemacht, wenn sich ein Artikel besonders gut verkaufte und es keine Urheberrechte zu wahren gab.

Nachfolgend möchte ich Ihnen, verehrte Leser, einige Beispiele aufzeigen, die Ihnen sicher für Ihre künftigen Einkäufe von Nutzen sein werden, da sie Ihnen verdeutlichen, was beim Kauf solcher »Zwillingsspielzeuge« zu beachten ist, um nicht übermäßig einzukaufen, das heißt beispielsweise den Preis für ein japanisches Original zu zahlen und stattdessen ein chinesisches Replikat mitzunehmen.

26

Abb. 26 Packard
Der Packard ist der exakte Nachbau des legendären TippCo Phantom. Er wurde vor einigen Jahren in Spanien, unter der dort schon seit dem Beginn dieses Jahrhunderts ansässigen Firma Paya, in einer mit 5000 Stück weltweit limitierten Auflage hergestellt.
Das Replikat, das nichts von seiner Faszination dem Original gegenüber einbüßt, hat heute einen Wert von circa 350 DM, der TippCo Phantom wird je nach Ausführung um 1500 bis 2000 DM gehandelt.
Das Fahrzeug der Firma Paya wurde nur in zwei Farben auf den Markt gebracht; in blaugrün mit weißem Dach sowie in gelb/orange.

39

Abb. 39 Citroen
Der chinesische Citroen, der in drei verschiedenen Farben auf dem Markt war, wurde inspiriert vom Citroen der japanischen Firma Bandai von 1962. Bandai stellte ihn in zwei Größen, 31 und 21 cm her. Es gab ihn in den Farben rot/weiß und blau/weiß.

Abb. 73 Toy-Town Lok
Die Lokomotive der japanischen Firma TM oder MT (Modern Toys) wird heute (fast baugleich) von einem Betrieb in Ungarn mit Namen »Flim Lemez« hergestellt. Es gibt zur japanischen Toy Town nur zwei wesentliche Unterscheidungsmerkmale:
Zum ersten hat der ungarische Lokführer eine zusätzliche Glocke, die es beim MT-Stück nicht gab, des weiteren war der Kopf des japanischen Lokführers aus Hartgummi, der des »Ungarn« ist (was ihn dadurch auch älter erscheinen läßt) ganz aus Blech.

73

Abb. 160 Clownkutsche aus Rußland
Fast baugleich mit dieser Kutsche aus dem Osteuropa der 70er Jahre sind der »Dare Devil« oder »Zirka« von Lehmann (Deutschland 1924 – 1942) und eine Eselskutsche »Bulky Mule« der Firma Marx (USA 30er Jahre), sowie »Jenny the Bulky Mule« der Firma Strauss (USA 30er Jahre).

160

Abb. 168 Nikolaus auf Dreirad
Der Nikolaus auf Dreirad ist nur eine zu einer Gruppe von Dreiradfahrern gehörende Figur der Neuzeit. Er kommt aus Korea und ist baugleich mit einem »Santa« der 40er Jahre der Firma KO (Kanto Toys) aus Japan.
Der alte Nikolaus war jedoch nicht wie der neuere aus Plastik, sondern aus Celluloid.
Ebenfalls gibt es heute noch den »Jungen auf Dreirad« aus China, dessen Original ebenfalls aus dem Japan der späten 30er Jahre stammt

Abb. 171 Ski Boy
Dem chinesischen Ski Boy der 70er Jahre diente wohl ein amerikanischer skilaufender Boy der Firma Chein der späten 30er Jahre zum Vorbild, da er mit der gleichen Größe und der gleichen Aktion seinem alten Vorgänger sehr ähnelt.

168

171

175

194

199

Abb. 175 Dienstmann

In den späten 50ern bis zu Anfang der 60er Jahre boten gleich drei dieser Dienstmänner den Menschen ihre Dienste an.
Der erste kam von der deutschen Firma TippCo, der zweite (siehe Abbildung) wurde in England hergestellt und der dritte stammte von dem bekannten amerikanischen Unternehmen Unique und hieß »Finnegan«.

Abb. 194 Überschlagaffe

Der Überschlagaffe stammt aus dem Indien der 70er Jahre. Es gab ihn in zwei verschiedenen Ausführungen, einmal mit und einmal ohne farblich bedruckte Arme.
Dieses hübsche Bewegungsspielzeug wurde bereits in den 50er Jahren schon einmal auf den Markt gebracht und diente sicher den Indern als Vorbild.
Es ist ein Affe, der fast genauso aussieht, sich jedoch statt auf seine Arme, auf zwei Bananen stützt, die er in den Händen hält.
Bis auf diesen einen Unterschied jedoch sind die beiden Stücke, was Größe, Aktionsablauf und Design angeht, fast baugleich.

Abb. 195 Affe auf Dreirad

Der von Paya aus Spanien in limitierter Auflage hergestellte Affe auf Dreirad hat auf den ersten Blick große Ähnlichkeit mit »Bobby« dem Dreiradaffen der Firma Arnold (Deutschland 1937 bis circa 1959).
Bei genauer Betrachtung allerdings erkennt man, daß die Arme des Replikats nicht, wie beim deutschen Vorgänger, zu bewegen sind, der Lenker des deutschen eine U-Form hat und daß beim spanischen Stück das Dreirad nach hinten in geschwungener Form ausläuft, während daß deutsche hinter dem Gesäß des Affen in einem leichten Bogen endet.

Abb. 199 Marienkäfer

Das Geheimnis des nicht vom Tisch fallenden Käfers wurde erstmalig bei Schuco gelüftet. Sie erfanden 1936 das bekannte Patent Auto, das, ohne daß es abstürzte, auf jeder beliebigen Fläche fahren konnte. Dieser Mechanismus wurde bei einer Menge Spielzeuge der darauf folgenden Jahrzehnte verwandt. Letztes bekannte Beispiel hierfür ist der Marienkäfer aus der Tschechoslowakei, der bis auf eine andere Zeichnung des Körpers genauso aussieht, wie ein Käfer der japanischen Firma TPS (Toplay) der 50er Jahre.

195

Abb. 212 Motorrad Nr. 2
Das Motorrad der Firma Technofix wurde in Deutschland zwischen 1952 und 1958 hergestellt. In den 60er bis zu den späten 70er Jahren ließ man es in Frankreich produzieren, was durch den Aufdruck »Made in France« leicht vom deutschen Vorgänger zu unterscheiden war. Der Wert des deutschen Motorrads liegt heute, je nach Zustand, bei 400 bis 500 DM.

212

Abb. 213 Katze mit Ball
Die chinesische Katze ist, bis auf eine andere Lithographie, der Nachbau einer Katze der Firma Kanto Toys aus Japan (50er Jahre) sowie der deutschen Köhler Katze der 50er Jahre. Es ist schwer zu sagen, welche der Katzen zuerst auf den Markt kam, aber mir alleine sind sieben verschieden bedruckte Katzen unterschiedlicher Hersteller bekannt, die alle in den 50er Jahren größtenteils in Japan produziert wurden.

213

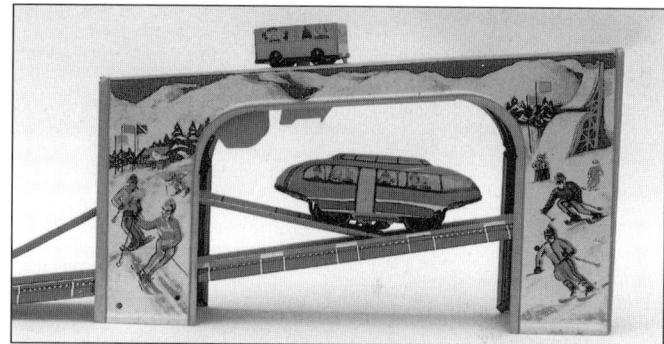

214

Abb. 214 Skilift
Der in Rußland hergestellte Skilift der 70er Jahre wurde mit den Originalwerkzeugen der Firma Technofix gefertigt.
Das Original war die Busy Diesel Bahn der 60er Jahre. Bis auf eine andere Lithographie (Aufdruck) und kleinere Veränderungen an den Stanzwerkzeugen sind beide Bahnen identisch.

216

Abb. 216 und 217
Der **Autolift** und die **Rangierbahn** waren im Original beide von Technofix. Mit den Originalwerkzeugen wurden diese beiden Bahnen von Ende der 70er bis Anfang der 80er Jahre in Rußland hergestellt. Speziell diese beiden Bahnen sind in Deutschland genauso schwer zu finden wie die Originale, da sie mit einer sehr kleinen Auflage gefertigt und exportiert wurden.

217

Abb. 276 Motorrad 83
Das indische Motorrad stammt aus den 70er/80er Jahren, wird jedoch heute noch, allerdings mit anderem Aufdruck als das abgebildete, angeboten.
Es hat einen Friktionsantrieb, ein Fahrgeräusch (in Form eines Klickens) und als Besonderheit geht der Körper des Fahrers während der Fahrt auf und ab. Ein fast identisches Motorrad wurde von T.N. aus Japan bereits in den frühen 60er Jahren hergestellt. Der eigentliche Unterschied sind verschiedene Lithos der Motorräder, außerdem ist das Vorderrad des japanischen Stückes aus Blech, das des indischen aus Gummi.
Markiert ist es mit OMI-Dehli (Oriental Metal Industries India).

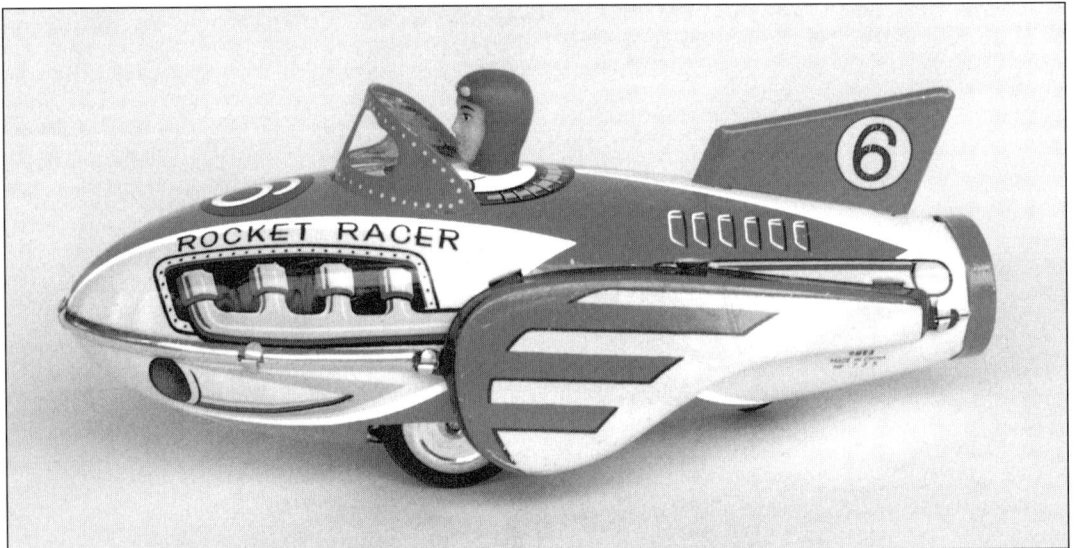

Abb. 287 Rocket Racer
Der chinesische Rocket Racer hat, mit ein paar winzigen Abweichungen, sehr große Ähnlichkeit mit einem Raketenfahrzeug der Firma MT aus Japan der 50er Jahre.
Am meisten unterscheiden sich die Schwungräder, die bei der China-Ausführung etwas größer sind als beim Original aus Japan. Außerdem hat das chinesische Raumfahrzeug die Nummer 6, der »Japaner« die Nummer 8. Der Kopf des japanischen »Rocket Racers« ist ganz aus Blech, der neuere »Chinese« aus Gummi.

Zeichen- und Markenerklärung

Einige der hier gezeigten Spielzeuge kommen aus Ruß-land, Ungarn, Türkei, Indien oder der Tschechoslowakei. Länder wie Deutschland, Italien, USA, Frankreich oder Japan haben meist neben einem Firmenemblem ebenfalls ein »Made in ...« stehen. Damit lassen sich schnell und einfach bestimmte Teile einem bestimmten Herkunftsland zuordnen.

Für die anfangs erwähnten Länder gilt dies nicht.

Hat man, soweit es überhaupt einen gibt, von dem zu be-stimmenden Teil keinen Originalkarton, dürfte es für An-fänger sehr schwer sein, etwas über das Herkunftsland in Erfahrung zu bringen.

Ein Ratschlag von mir noch: Spielzeuge, die über kein Herkunftsland oder andere Angabe gekennzeichnet sind, sondern an einer Stelle den Lack abgekratzt haben, stam-men meist aus China.

Manche Händler versuchen gerne, unwissenden Käufern diese Chinesen als Japaner zu verkaufen, um so einige Mark mehr einzustreichen.

Meine nachfolgend aufgeführten Embleme werden Ihnen die anfängliche Unsicherheit nehmen und helfen Ihnen bei der exakten Zuordnung von Teilen, die über nichts an-deres als ein Firmenlogo verfügen. Sollten Sie dennoch nicht fündig werden, nehmen Sie Ihr Stück doch einmal mit auf eine Fachbörse. Viele Händler geben Ihnen sicher gerne Auskunft und können Ihnen vielleicht noch einiges andere Wissenswerte über die gewünschten Stücke er-zählen.

Abbildungen 1–4
Verschiedene Hersteller russischer Spielwaren. Alles ehemals volkseigene Betriebe, darum findet sich auch kein Firmenname auf den Stücken.

Bild 1
zeigt das Zeichen des Betriebes, der unter anderem die Technofixbahnen weiter produziert. Die drei anderen Betriebe sind nicht so groß und vielfältig.

Bild 2
mit dem »CCCP« ist bekannt für größere LKWs, hier wurde meines Wissens nach bereits ein Großteil der Produktion eingestellt.

Bild 3
Von diesem Betrieb ist nur eine Tankstelle mit Fahrzeugen bekannt.

Bild 4
stellt einige preiswerte Uhrwerkspielzeuge her, wie beispielsweise einen Frosch, der hüpft und ein pickendes Huhn.
Beide Artikel werden derzeit ebenfalls noch in China produziert.

Bild 5 und 6

Fast alle Spielwaren aus der Tschechoslowakei haben entweder die Kürzel »KDN« oder den Aufdruck »KOVODRUZSTVO NACHOD«, was übersetzt soviel heißt wie »hergestellt in Nachod«.

Wie in Rußland und Ungarn waren auch in der Tschechoslowakei Spielwarenfabriken staatlich.

5

6

Bild 7

ist ebenfalls eine Fabrik der Tschechoslowakei.

Von »IGRA« sind mir ein kleiner blauer Lastwagen ohne Antrieb und ein grüner offener PKW bekannt.

7

Bild 8 und 9

Zwei verschiedene Aufdrucke auf ungarischem Spielzeug.

Die deutsche Übersetzung für »LEMEZARUGYAR« ist einfach Blechwaren.

Diese Fabrik aus Budapest stellt Spielsachen wie den Nachbau des Technofix Verkehrsspieles, der Technofix Rangierbahn, eine Holzfäller-Spardose und einen kleinen Clown auf Roller, den »Roly Zoly Clown« her, um nur einige zu nennen.

8

9

Bild 10

ist ein weiterer ungarischer Betrieb, von dem jedoch nur ein kleiner gelber Oldtimer mit Federzug im deutschen Handel erhältlich ist.

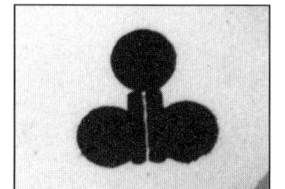

10

Bild 11

»E FLIM LEMEZ« bedeutet soviel wie »eine bestimmte Verarbeitung von Blech«.

Ebenfalls auf einigen ungarischen Spielzeugen, meist mit dem Zusatz »FOREIGN« zu finden.

11

12

13

13

14

Bild 12 und 13

sind zwei Zeichen der türkischen Firma »NEKUR«.

Dieser Betrieb besteht schon seit den 60er Jahren und brachte eine Menge einfaches, bunt bedrucktes Blechspielzeug auf den Markt. Hierzu gehörten u.a ein Raumschiff, ein Raketenfahrzeug, ein Polizeijeep, mehrere Friktionsautos (zivil sowie Polizei, Feuerwehr und Krankenwagen) und ein wirklich schönes Motorrad mit Friktionsantrieb.

Außerdem findet sich auf fast allen Stücken der Zusatz »TÜRK MALI«. Siehe Abbildung 14.

Anfänglich glaubte ich wie viele meiner Kollegen auch, es sei eine zweite Firma, die sich mit Nekur zusammentat, in Wirklichkeit aber bedeutet TÜRK MALI nur, daß es sich bei dem gekauften Artikel um ein türkisches Produkt handelt.

15

Bild 15

Über die türkische Firma UFUK ist mir nichts anderes bekannt, als daß sie in den 70er Jahren einen 22 cm langen offenen Rennwagen mit der Nummer 2 produzierte, der einen Federaufzug hat und, was völlig untypisch ist, an einem der Hinterräder aufgezogen wird. Sollte der eine oder andere Leser über die bereits angesprochenen Firmen zusätzliche Informationen haben, wäre ich sehr dankbar, mich davon in Kenntnis zu setzen.

16

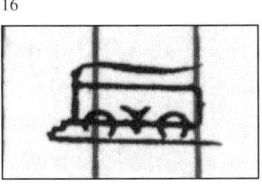

16

Bild 16

Nicht immer sind wie hier, beide Zeichen der spanischen Firma »PAYA« auf einem Spielzeug zu finden.

Paya ist der älteste Blechspielzeugbetrieb Spaniens. Bekannt ist die Firma unter anderem dafür »Ideen zu stehlen«.

Bereits seit den Anfängen wurden hier Spielzeuge anderer Firmen bis aufs I-Tüpfelchen abgekupfert. Vor einigen Jahren brachte die damals schon nicht mehr finanzkräftige Firma »PAYA« eine Reihe limitierter Spielzeuge, die mit einem Zertifikat und Prägestempel mit Nummer versehen wurden, in einer weltweiten Auflage von 5000 Stück pro Artikel heraus. Doch auch das konnte den Betrieb nicht retten. Man wollte ihn schließen.

Es bildete sich jedoch eine Cooperative von über 100 Mitarbeitern, die den Betrieb weiterführten. Das war, wie ich von der Firma erfuhr, Mitte der 80er Jahre. Heute sind noch etwa 25 Mitarbeiter übrig, die den Betrieb eigenverantwortlich leiten. Obwohl der Betrieb schon lange keine Gewinne mehr abwirft, wird er trotzdem erhalten und wie ein spanisches Nationalheiligtum behandelt. Mir wurde berichtet, daß PAYA jedes Jahr extra für den Geburtstag des spanischen Königs Gustav ein Teil nur für ihn fertigt.

Bild 17

zeigt das Emblem des indischen Betriebes »Oriental Metal Industries«. Eine von zwei Fabriken, die billiges Blechspielzeug exportieren. Die andere hat nur ein »DELHI« auf den Spielzeugen stehen. Das läßt die Vermutung zu, Delhi sei das Zentrum der Spielzeugindustrie Indiens. Aus dieser Fabrik sind mir aus den 60er/70er Jahren einige kleine Uhrwerkloks, kleine Uhrwerkbahnen, der Überschlagaffe und aus neuerer Zeit ein Motorrad bekannt.

17

Bild 18

ist das Zeichen des volkseigenen Betriebes »Mechanische Spielwaren VEB Brandenburg«.
Es handelt sich hierbei um die ehemalige Lehmann-Fabrik, die 1948 enteignet wurde. Dieser Betrieb stellte eine Vielzahl der alten Lehmann-Spielzeuge sowie eine Reihe anderer Blechspielwaren her.

In den 50er Jahren produzierten sie eine Menge größerer Uhrwerkblechwagen mit Bakelitführerhaus sowie einige figürliche Spielzeuge.

Im Vorwort erwähne ich, daß der Betrieb ursprünglich plante, ab Frühjahr 1991 einige der frühen Lehmann-Stücke neu auf den Markt zu bringen; mittlerweile ist mir bekannt, daß das ehemals hoch angesehene Unternehmen am 31.12.1991 seine Tore schloß. Bereits im Oktober 1991 erzählten mir einige Sekretärinnen, sie hätten alle die Kündigung zum Jahresende erhalten.

Die Treuhand hat noch nicht entschieden, wie es mit dem größten Spielzeugbetrieb der ehemaligen DDR weitergehen soll.

18

Katalogteil
Blechspielzeug
– Importe –

»Ballon Vendor Clown«, ein Batterieautomat
der 50er Jahre, hergestellt von Yonezawa, Japan.
Wert liegt mit Karton bei 900 DM.

Autos

1

2

3

1   Oldtimer mit Horn
22 cm lang, Batteriebetrieb
60er Jahre,
Alps, Japan

350 DM

2   Antique Gooney Car
22 cm lang, Batteriebetrieb
60er Jahre
Alps, Japan

350 DM

3   Shaking Horn Car
22 cm lang, Batteriebetrieb
60er Jahre
NGS, Japan

350 DM

4   Oldtimer 1901
24 cm lang, Batteriebetrieb
60er Jahre
T.N, Japan

500 DM

5   Willy Walking Car
22 cm lang, Batteriebetrieb
50er Jahre
Yonezawa, Japan

400 DM

6   Shaking Billy
23 cm lang, Batteriebetrieb
60er Jahre
T.N, Japan

350 DM

7   Smokey Billy
23 cm lang, Batteriebetrieb
60er Jahre
T.N, Japan

300 DM

4

4

5

6

7

8

9

10

11

12

8 Grandpa Car
24 cm lang, Batteriebetrieb
60er Jahre
T.N, Japan
250 DM

9 Grandpa in Oldtimer
22 cm lang, Batteriebetrieb
60er Jahre
Yonezawa, Japan
350 DM

10 Dacholdtimer
14 cm lang, Friktionsantrieb
60er Jahre
Bandai, Japan
150 DM

11 Early Model Limousine
24 cm lang, Batteriebetrieb
60er Jahre
Alps, Japan
400 DM

12 Oldtimer 1925 mit Leinendach
25 cm lang, Friktionsantrieb
50er Jahre
unmarkiert, Japan
600 DM

(Vordergrund)
Celluloid Donald Duck
8,5 cm hoch, Aufhängefigur
30er Jahre
unmarkiert, Japan
400 DM

13 Oldtimer
11 cm lang, Friktionsantrieb
60er Jahre
unmarkiert, Japan
100 DM

14 Oldtimer Classic Car
17 cm hoch, Friktionsantrieb
50er Jahre
MT, Japan
450 DM

15 Test Drive Car
16 cm lang, Friktionsantrieb
60er Jahre
unmarkiert, Japan
150 DM

13

14

14

15

16

17

18

19

16   Oldtimer
15 cm lang, Friktionsantrieb
80er Jahre
unmarkiert, Japan

40 DM

17   Oldtimer grün
26 cm lang, Batteriebetrieb
50er Jahre
S.H, Japan

550 DM

18   Grand Pa Car
24 cm lang, Batteriebetrieb
50er Jahre
Yonezawa, Japan

450 DM

19   Shaking Oldtimer
20 cm lang, Friktionsantrieb
60er Jahre
S.H, Japan

350 DM

20 Oldtimer Cabriolet
25 cm lang, Batteriebetrieb
60er Jahre
unmarkiert, Japan
450 DM

21 Antik Car
10 cm lang, Friktionsantrieb
50er Jahre
Usigaya, Japan
200 DM

22 Oldtimer
22 cm lang, Batteriebetrieb
60er Jahre
Yonezawa, Japan
450 DM

23 Zwei verschiedene Oldtimer
22 cm lang, Batteriebetrieb
60er Jahre
Yonezawa, Japan
je 450 DM

20

21

22

23

24

24   Thunderbird
20 cm lang, Friktionsantrieb
50er Jahre
Bandai, Japan

400 DM

25   Cadillac 1933
21 cm lang, Friktionsantrieb
50er Jahre
Bandai, Japan

250 DM

**26   Packard - limitierte
Auflage**
34 cm lang, Friktionsantrieb
80er Jahre
Paya, Spanien

400 DM

25

26

27   Straßenkreuzer Sedan
23 cm lang, Batteriebetrieb
50er Jahre
unmarkiert, Japan
600 DM

28   Chevy Pick up 1956
22 cm lang, Friktionsantrieb
50er Jahre
Bandai, Japan
550 DM

29   Plymouth
21 cm lang, Friktionsantrieb
50er Jahre
Bandai, Japan
450 DM

27

28

29

30

30

30 BMW Isetta
18 cm lang, Friktionsantrieb
60er Jahre
Bandai, Japan
800 DM

31 New Car
16 cm lang, Friktionsantrieb
50er Jahre
unmarkiert, Japan
250 DM

32 Open Car »Mary«
16 cm lang, Friktionsantrieb
50er Jahre
unmarkiert, Japan
250 DM

31

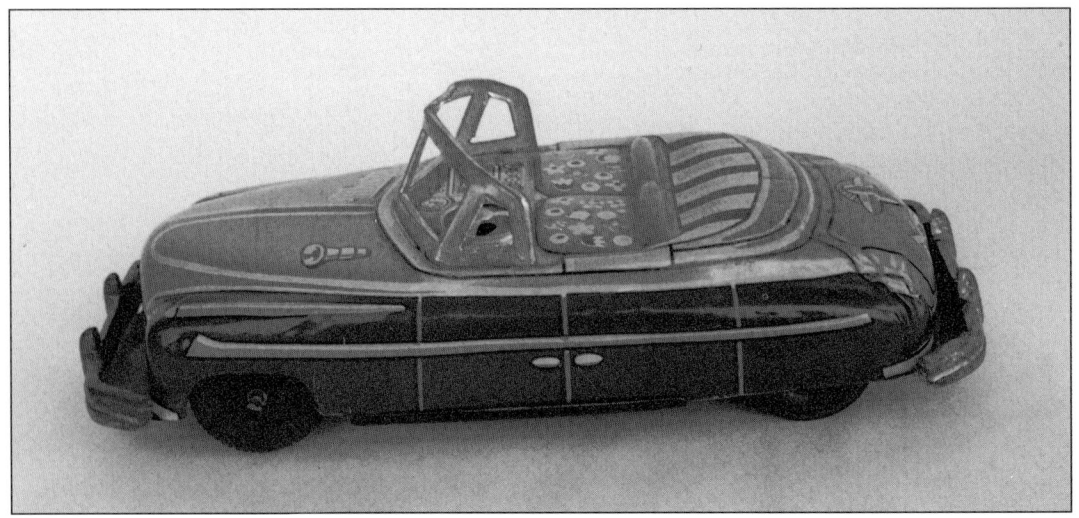

32

33

34

33

33   Flügeltür Mercedes
23 cm lang, Batteriebetrieb
60er Jahre
Shinsei, Japan

450 DM

34   Ford mit Beleuchtung
20 cm lang, Friktionsantrieb
50er/60er Jahre
unmarkiert, Japan

350 DM

35   Ambulance
auch als Polizei u. Feuerwehr
18 cm lang, Friktionsantrieb
70er Jahre
unmarkiert, Korea

40 DM

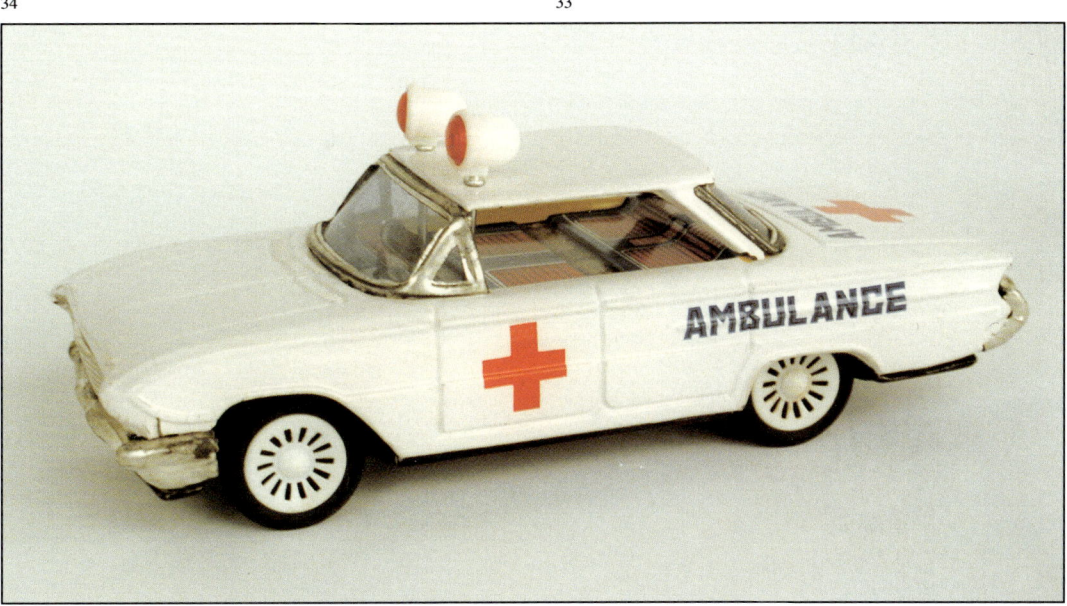

35

36

37

38

36   Limousine rot
16,5 cm lang, Friktionsantrieb 60er/70er Jahre
markiert Delhi, Indien
50 DM

**37   Blech/Bakelit
Limousine**
16 cm lang, Uhrwerkantrieb
40er Jahre
markiert »LW«, Frankreich
300 DM

38   Mercedes
58 cm lang, Friktionsantrieb
70er/80er Jahre
Ichiko, Japan
250 DM

39 Citroen
21 cm lang, Friktionsantrieb
70er Jahre
unmarkiert, China
100 DM

40 Chevrolet
25 cm lang, Friktionsantrieb
60er/70er Jahre
unmarkiert, Ungarn
150 DM

39

39

40

41

41   Rennwagen Nr. 4
22 cm lang, Federaufzug
60er Jahre
Ufuk, Türkei

80 DM

42   Lieferwagen
12,5 cm lang, ohne Antrieb
40er/50er Jahre
CR (Charles Rossignol),
Frankreich

120 DM

43   Agro Car
9 cm lang, Uhrwerkspielzeug
60er Jahre
Yone, Japan

100 DM

42

43

44

44   Shanghai Open Car
31 cm lang, Batteriebetrieb
60er Jahre
unmarkiert, China

150 DM

45

46

45 Molly Dolly Car
28 cm lang, Friktionsantrieb
70er/80er Jahre
MSB, DDR

50 DM

46 Jeep
20 cm lang, Friktionsantrieb
60er Jahre
Bandai, Japan

100 DM

47 Militärjeep mit Funkenschlag
12 cm lang, Friktionsantrieb
70er/80er Jahre
Nekur, Türkei

40 DM

47

48 VW Käfer
17 cm lang, Uhrwerkspielzeug
60er Jahre
T.T, Japan

100 DM

48

49

50

51

52

49   Limousine mit Litho
15,5 cm lang, Friktionsantrieb
70er/80er Jahre
E.Flim Lemez, Ungarn
30 DM

50   Straßenkreuzer
16 cm lang, Friktionsantrieb
80er Jahre
unmarkiert, China
30 DM

51   Gruppe »Heckflossen«
15 cm lang, Friktionsantrieb
60er Jahre
SSS, Japan
je 150 DM

52   Oberleitungsbus
14 cm lang, Uhrwerkspiel-
zeug
50er Jahre
Ingap, Italien
150 DM

53 Comic Car
16,5 cm lang, Friktionsantrieb
50er Jahre
T.T, Japan
150 DM

54 Kirmes Scooter
16 cm lang, Schwungradan-
trieb
60er Jahre
MS, DDR
(Mechanische Spielwaren),
DDR
150 DM

55 Happy Clown Car
16 cm lang, Friktionsantrieb
60er Jahre
Yonezawa, Japan
200 DM

**56 Lieferwagen –
Keksdose**
30 cm lang, ohne Antrieb
80er Jahre
markiert »Mod. Dep.«, Italien
40 DM

53

54

55

56

57

58

57 Touring Bus
37 cm lang, Friktionsantrieb
70er Jahre
unmarkiert, China

150 DM

58 Traveling Car
22 cm lang, Friktionsantrieb
70er Jahre
unmarkiert, China

60 DM

59   Betonmischer
24 cm lang, ohne Antrieb
60er Jahre
Tonka, USA

200 DM

60   Zil LKW
22 cm lang, Friktionsantrieb
50er Jahre
MS, DDR

200 DM

59

60

61

62

63

61   Stadtreinigung
23 cm lang, Friktionsantrieb
60er Jahre
VEB Brandenburg, DDR
200 DM

**62   Straßenreinigungs-
fahrzeug**
23 cm lang, Friktionsantrieb
70er Jahre
VEB Brandenburg, DDR
150 DM

**63   Kipplaster mit
Pneumatik**
52 cm lang, Friktionsantrieb
80er Jahre
CCCP, Rußland
150 DM

64   Fast Freight LKW
25 cm lang, Friktionsantrieb
60er Jahre
T.N, Japan

250 DM

65   Lift Truck
30 cm lang, Friktionsantrieb
70er Jahre
unmarkiert, Japan

150 DM

66   ABC Freight Truck
29 cm lang, Friktionsantrieb
50er Jahre
K, Japan

350 DM

64

65

66

67

68

69

67   Lumber Car
19 cm lang, Friktionsantrieb
50er Jahre
SSS, Japan

200 DM

68   LKW
20 cm lang, ohne Antrieb
70er Jahre
VEB, DDR

50 DM

69   Wrecker Truck
26 cm lang, Friktionsantrieb
70er Jahre
unmarkiert, China

75 DM

Loks

70

71

72

70   Circus CHoo CHoo
17 cm lang, Friktionsantrieb
50er Jahre
Daiya, Japan
300 DM

71   Animal Land Choo Choo
25 cm lang, Friktionsantrieb
50er Jahre
Daiya, Japan
400 DM

72   Animal Train
24 cm lang, Batteriebetrieb
60er Jahre
Kanto, Japan
350 DM

73   Toy-Town Lok
28 cm lang, Batteriebetrieb
60er Jahre
MT, Japan
250 DM

73

74

76

77

78

74 Indian Signal Choo Choo
24 cm lang, Batteriebetrieb
60er Jahre
Kanto, Japan
300 DM

75 New Western Choo Choo
24 cm lang, Batteriebetrieb
60er Jahre
Kanto, Japan
300 DM

76 Flag Bell Ringer
25 cm lang, Batteriebetrieb
60er Jahre
MT, Japan
350 DM

77 Fairyland 2000
20 cm lang, Batteriebetrieb
60er Jahre
Daiya, Japan
250 DM

78 Animal Choo Choo
26 cm lang, Batteriebetrieb
50er Jahre
NGS, Japan
450 DM

79

80

81

79   Originalkarton der Fairyland Loco
20 cm lang, Batteriebetrieb
60er Jahre
Daiya, Japan
250 DM

80   Western Special Lok
35 cm lang, Batteriebetrieb
70er Jahre
MT, Japan
150 DM

81   Lok Nr. 3191
25 cm lang, Batteriebetrieb
60er Jahre
MT, Japan
250 DM

82   Mickey Mouse Lok
25 cm lang, Batteriebetrieb
60er Jahre
MT, Japan
550 DM

83   Mighty Express
23 cm lang, Batteriebetrieb
70er Jahre
Toytown, Japan
100 DM

84   Monkey Express
14 cm lang, Uhrwerkspiel-
zeug 60er Jahre
Yone, Japan
80 DM

85   Bump n Go Choo Choo
18 cm lang, Schwungradan-
trieb 50er Jahre
KO, Japan
250 DM

82

83

84

85

86   Mountain Express
26 cm lang, Friktionsantrieb
50er Jahre
SSS, Japan

350 DM

86

87

88

89

87   Central Lok
23 cm lang, Friktionsantrieb
50er Jahre
MSK, Japan

300 DM

88   Star Lokomotive
15 cm lang, Federdruckauf-
zug
40er/50er Jahre
MT, Japan

250 DM

89   Santa Fe Zug
44 cm lang, Friktionsantrieb
70er Jahre
T.T, Japan

150 DM

**90   Transcontinental
Railroad**
43 cm lang, Friktionsantrieb
50er Jahre
Marusan, Japan

450 DM

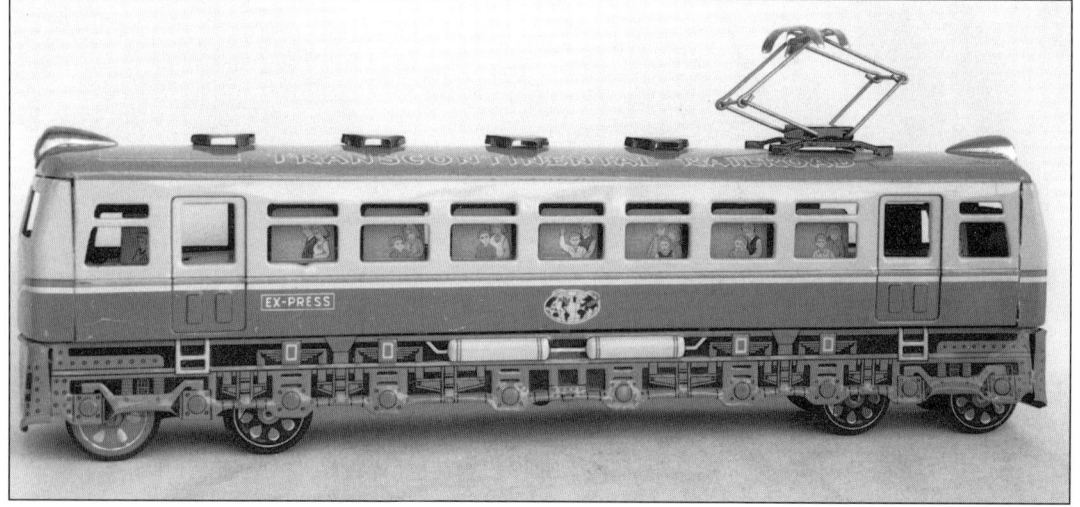

90

91 Western Express
34 cm lang, Batteriebetrieb
60er Jahre
Kanto, Japan
300 DM

92 Pacific Choo Choo
34 cm lang, Batteriebetrieb
60er Jahre
Kanto, Japan
400 DM

93 Spirit of 1776
39 cm lang, Batteriebetrieb
70er Jahre
MT, Japan
200 DM

94 New Silver Mountain
39 cm lang, Batteriebetrieb
70er Jahre
MT, Japan
200 DM

91

92

93

94

95

96

97

95   Cragstan Shuttle Train
21 cm lang, Batteriebetrieb
50er Jahre
Yonezawa, Japan

300 DM

96   Mountain Express
26 cm lang, Friktionsantrieb
70er Jahre
Memoto, Japan

100 DM

97   Casey Jones Lok mit Schienen
52 cm lang, Batteriebetrieb
50er Jahre
MT, Japan

600 DM

98   Lok mit Anhänger
30 cm lang, Friktionsantrieb
70er Jahre
unmarkiert, China

50 DM

99   Happy Train mit Gleisen
36 cm lang, Batteriebetrieb
60er Jahre
unmarkiert, China

150 DM

98

99

100   Zug Nr. 0057
13 cm lang, Batteriebetrieb
60er Jahre
Tomiyama, Japan
                    120 DM

101   Penny Toy Lok
14 cm lang, ohne Antrieb
20er Jahre
Paya, Spanien
                    450 DM

100

101

Batterieautomaten

102

103

103

104

104

102   Traffic Policeman
36 cm hoch, Batteriebetrieb
50er Jahre
A1, Japan

950 DM

103   Picnic Bunny
26 cm lang, Batteriebetrieb
60er Jahre
Alps, Japan

400 DM

104   Gino the Neapolitan Balloon Blower
29 cm hoch, Batteriebetrieb
60er Jahre
Tomiyama, Japan

800 DM

105 Nutty Mad Indian
37 cm hoch, Batteriebetrieb
60er Jahre
Marx, Japan
650 DM

106 Rock 'n' Roll Monkey
30 cm hoch, Batteriebetrieb
50er Jahre
Alps, Japan
900 DM

107 Bubble Blowing Elephant
19 cm lang, Batteriebetrieb
50er Jahre
Yonezawa, Japan
300 DM

108 Captain Blushwell
28 cm hoch, Batteriebetrieb
60er Jahre
Yonezawa, Japan
350 DM

105

106

107

108

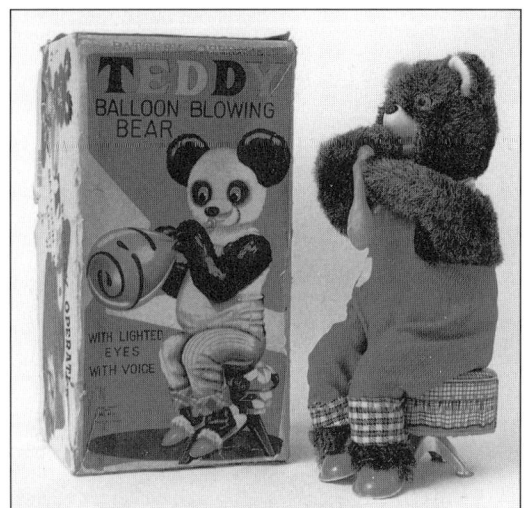

109

110

109   Teddy Balloon Blowing Bear
29 cm hoch, Batteriebetrieb
50er Jahre
Alps, Japan

450 DM

110   Hamburger Chef
21 cm breit, Batteriebetrieb
60er Jahre
SBC, Japan

650 DM

111   Peppermint Twist Doll
34 cm hoch, Batteriebetrieb
60er Jahre
Mego, Japan

250 DM

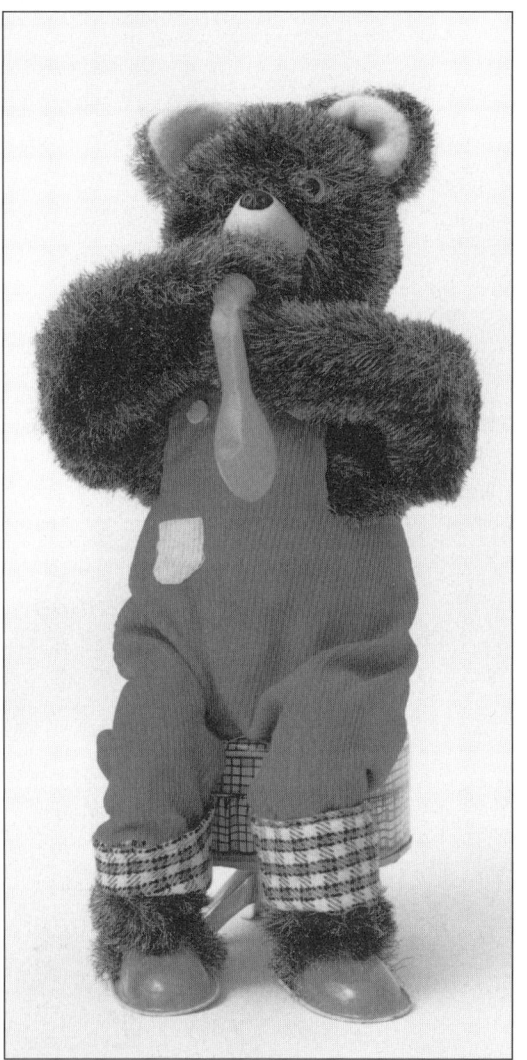

109

111

112 Smoking Papa Bear
22 cm hoch, Batteriebetrieb
50er Jahre
Marusan, Japan
500 DM

113 Good Time Charlie
33 cm hoch, Batteriebetrieb
60er Jahre
Illfelder Toy, Japan
500 DM

114 Teddy Bear the Artist
24 cm hoch, Batteriebetrieb
50er Jahre
Yonezawa, Japan
900 DM

112

113

114

114

115

116

115 McGregor
29 cm hoch, Batteriebetrieb
60er Jahre
T.N, Japan

450 DM

116 Fruit Juice Counter
21 cm breit, Batteriebetrieb
60er Jahre
GBC, Japan

550 DM

117 Telephone Bear
19 cm hoch, Batteriebetrieb
50er Jahre
T.N, Japan

650 DM

118 Bartender
29 cm hoch, Batteriebetrieb
60er Jahre
T.N, Japan

300 DM

117

118

117

119

120

120

119 Charley Weaver
32 cm hoch, Batteriebetrieb
60er Jahre
T.N, Japan

450 DM

120 Drinking Captain
32 cm hoch, Batteriebetrieb
60er Jahre
S & E, Japan

450 DM

121 Picnic Bear
25 cm hoch, Batteriebetrieb
50er Jahre
Alps , Japan

400 DM

122 Cola Drinking Bear
25 cm hoch, Batteriebetrieb
50er Jahre
Alps, Japan

400 DM

121

122

123

124

123 Happy and Sad Face Clown
28 cm hoch, Batteriebetrieb
50er Jahre
Yonezawa, Japan
600 DM

124 Drumming Indian
31 cm hoch, Batteriebetrieb
60er Jahre
unmarkiert, Spanien
350 DM

125 »Duracell« Hase Werbemodell
37 cm hoch, Batteriebetrieb
80er Jahre
unmarkiert, Korea
100 DM

126 Hand Car
22 cm lang, Batteriebetrieb
60er Jahre
MT, Japan
350 DM

127 Santa on Scooter
20 cm lang, Batteriebetrieb
60er Jahre
MT, Japan
500 DM

128 Jerry in Hand Car
25 cm hoch, Batteriebetrieb
60er Jahre
MT, Japan
450 DM

126

125

127

128

129 Mickey Mouse on Scooter
25 cm hoch, Batteriebetrieb
60er Jahre
MT, Japan

800 DM

130 Wagon Master Kutsche
46 cm lang, Batteriebetrieb
60er Jahre
MT, Japan

400 DM

131 Overland Stagecoach
37 cm lang, Batteriebetrieb
60er Jahre
Ichida, Japan

450 DM

129

130

131

132

133

133

132   Broadway Trolley
32 cm lang, Batteriebetrieb
50er Jahre
MT, Japan

350 DM

133   Tinkling Trolley
19 cm lang, Batteriebetrieb
60er Jahre
MT, Japan

250 DM

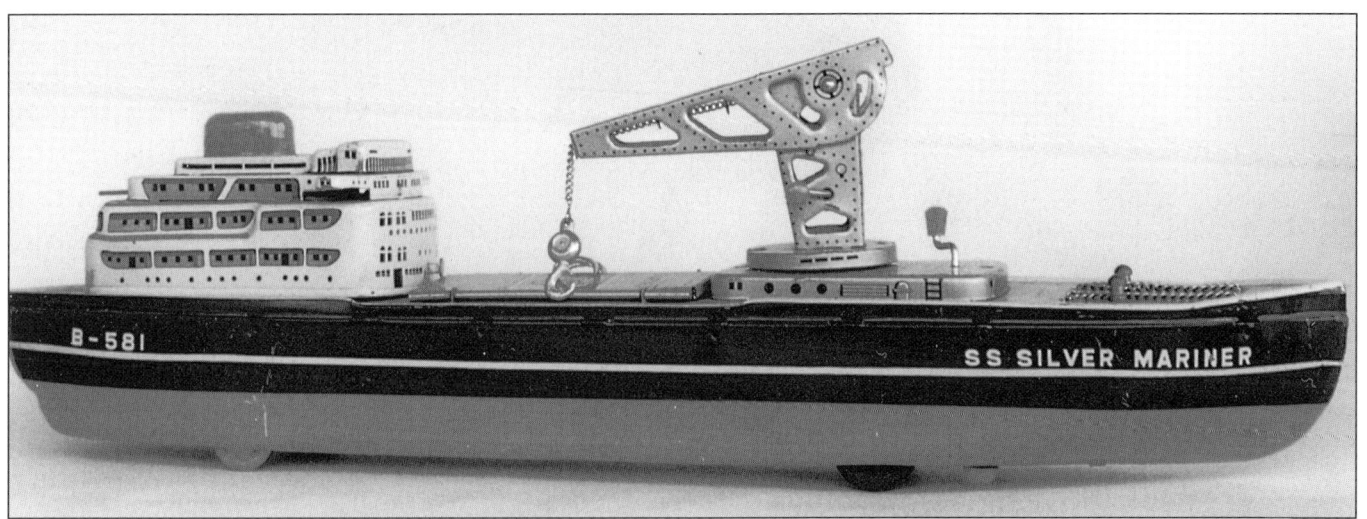

134

134   SS Silver Mariner
41 cm lang, Batteriebetrieb
50er Jahre
Bandai, Japan

500 DM

135   Neptune Ship
36 cm lang, Batteriebetrieb
50er Jahre
MT, Japan

450 DM

135

136

136 Bulldozer
24 cm lang, Batteriebetrieb
50er Jahre
T.N, Japan
400 DM

137 Bulldozer
15 cm lang, Batteriebetrieb
50er Jahre
Linemar, Japan
350 DM

138 Bulldozer 600
19 cm lang, Batteriebetrieb
50er Jahre
T.N, Japan
300 DM

139 Bulldozer
20 cm lang, Batteriebetrieb
60er Jahre
Asahi, Japan
250 DM

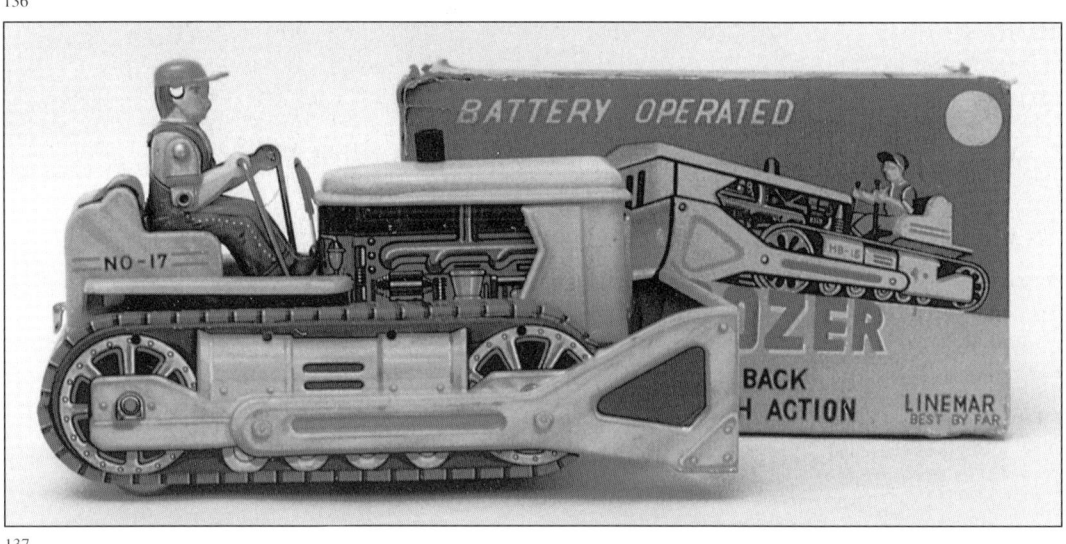

137

138

139

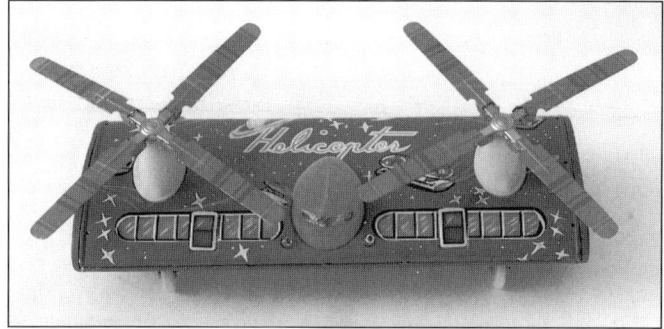

140

140

140   Helicopter
27 cm lang, Batteriebetrieb
60er Jahre
unmarkiert, China

300 DM

141   Mercury Explorer
21 cm lang, Batteriebetrieb
60er Jahre
TPS, Japan

450 DM

142   Space Pioneer
30 cm lang, Batteriebetrieb
50er Jahre
Mt, Japan

500 DM

141

142

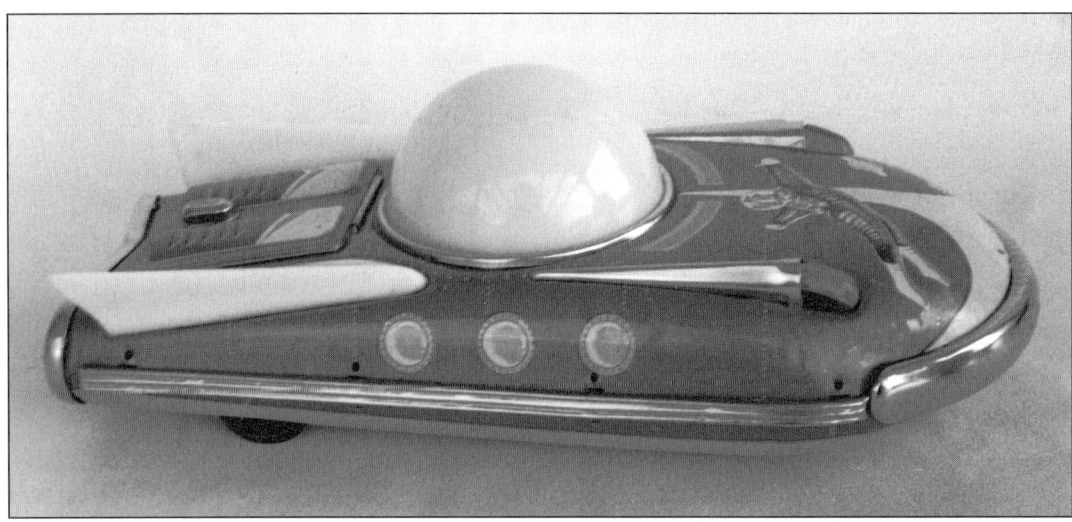

143

143   Universe Car
25 cm lang, Batteriebetrieb
70er Jahre
unmarkiert, China
200 DM

144   Video Spaceship
35 cm lang, Batteriebetrieb
70er Jahre
unmarkiert, China
200 DM

145   Space Ranger 7
23 cm lang, Batteriebetrieb
60er/70er Jahre
unmarkiert, Taiwan
150 DM

146   Space Tank
25 cm lang, Batteriebetrieb
60er/70er Jahre
unmarkiert, China
300 DM

144

145

146

147 Anti Aircraft Tank
23 cm lang, Batteriebetrieb
70er Jahre
unmarkiert, China

200 DM

148 Straßenwalze
24 cm lang, Batteriebetrieb
60er Jahre
MT, Japan

300 DM

149 Puppy Car
27 cm lang, Batteriebetrieb
60er/70er Jahre
MT, Japan

250 DM

147

148

149

150

150   Bigring Circus Car
28 cm lang, Batteriebetrieb
60er Jahre
MT, Japan

350 DM

151   Monkey on Elephant
22 cm lang, Batteriebetrieb
70er/80er Jahre
unmarkiert, China

100 DM

151

151

152 Platform Truck
22 cm lang, Batteriebetrieb
70er Jahre
unmarkiert, China
150 DM

153 Girl Riding Tricycle
24 cm hoch, Batteriebetrieb
80er Jahre
unmarkiert, China
100 DM

154 Bauer und Holzfäller
16 cm hoch, Batteriebetrieb
80er Jahre
Alps, Japan
je 180 DM

155 Dish Washer
17 cm hoch, Batteriebetrieb
60er/70er Jahre
Yonezawa, Japan
150 DM

152

153

154

155

156

156   Food Mixer
16 cm hoch, Batteriebetrieb
60er Jahre
Daiya, Japan

150 DM

157   Power Shovel
33 cm lang, Batteriebetrieb
70er Jahre
Aoshin, Japan

200 DM

Uhrwerkspielzeug

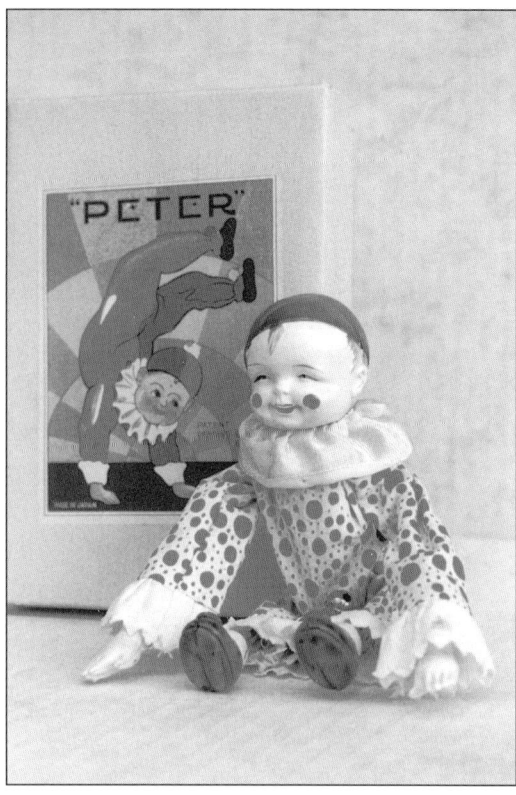

158

161

159

160

162

158   Celluloidclown Peter
15 cm hoch, Uhrwerkspiel-
zeug
30er Jahre
C.K, Japan

500 DM

159   Donkey Express
15 cm lang, Uhrwerkspiel-
zeug
50er Jahre
Yone, Japan

200 DM

**160   Clown auf Esels-
karren**
19 cm lang, Federaufzug
70er Jahre
unmarkiert, Rußland

100 DM

161 Cowboy auf Esel
14 cm hoch, Uhrwerkspiel-
zeug
60er Jahre
Yone, Japan   *150 DM*

162 Comic Fun Car
10 cm lang, Uhrwerkspiel-
zeug
30er Jahre
Alps, Japan   *450 DM*

163 Clown auf Esel
21 cm hoch, Uhrwerkspiel-
zeug
30er Jahre
Kuramochi, Japan   *800 DM*

164 Trapezclown
31 cm hoch, Uhrwerkspiel-
zeug
30er Jahre
KO, Japan   *600 DM*

165 Boys Tricycle
13 cm lang, Uhrwerkspiel-
zeug
60er Jahre
Suzuki, Japan   *100 DM*

166 Funny Rocker
15 cm lang, Uhrwerkspiel-
zeug
50er Jahre
Bandai, Japan   *750 DM*

163

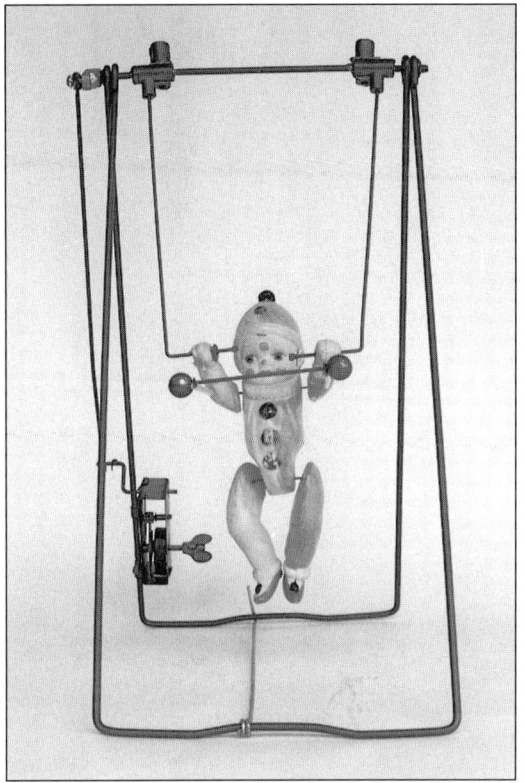

164

165

166

167

169

168

170

171

167 Bass Drummer
28 cm hoch, Uhrwerkspiel-
zeug
60er Jahre
Yonezawa, Japan
250 DM

168 Santa on Tricycle
11 cm lang, Uhrwerkspiel-
zeug
70er Jahre
MTV, Korea
40 DM

169 Happy Stan Laurel
30 cm hoch, Uhrwerkspiel-
zeug
60er Jahre
M.I.Espania, Spanien
250 DM

170 College Boy
9 cm hoch, Uhrwerkspielzeug
70er Jahre
unmarkiert, China
25 DM

171 Ski Boy
11 cm hoch, Uhrwerkspiel-
zeug
70er Jahre
unmarkiert, China
40 DM

172 Wirbelbär
12 cm hoch, Uhrwerkspiel-
zeug ab
70er Jahre
unmarkiert, China
30 DM

**173 Celluloid Santa auf
Schlitten**
16 cm lang, Uhrwerkspiel-
zeug
40er Jahre
unmarkiert, Japan
400 DM

174 Waddling Bear
15 cm hoch, Uhrwerkspiel-
zeug
30er Jahre
Chein, USA
220 DM

175 Dienstmann
30 cm lang, Uhrwerkspiel-
zeug
50er Jahre
unmarkiert, England
450 DM

172

173

174

175

175

176

177

176   Sergeant
13,5 cm hoch, Uhrwerkspielzeug
40er Jahre
Chein, USA

220 DM

177   Hund mit Glöckchen
13 cm hoch, Uhrwerkspielzeug
60er Jahre
unmarkiert, Japan

150 DM

178   Camera Monkey
17 cm hoch, Uhrwerkspielzeug
50er Jahre
Yonezawa, Japan

200 DM

179   Old Man in Classic Car
18 cm lang, Uhrwerkspielzeug
50er Jahre
Tomiyama, Japan

500 DM

178

179

180 G.I. Joe and his Jouncing Jeep
18 cm lang, Uhrwerkspiel-
zeug
40er Jahre
Unique, USA

900 DM

181 G.I. Joe and the K-9 Pups
22,5 cm hoch, Uhrwerkspielzeug
40er Jahre
Unique, USA

900 DM

180

180

180

181

182

183

184

185

186

182   Celluloidhund mit Blechschuh
21 cm lang, Uhrwerkspiel-
zeug
30er Jahre
K.T, Japan

480 DM

183   Hungry Cub Bear
20 cm hoch, Uhrwerkspiel-
zeug
50er Jahre
T.N, Japan

300 DM

184   Tote a Pup
12 cm lang, Uhrwerkspiel-
zeug
70er Jahre
Alp, Japan

100 DM

185   Hund in Hundehütte
11 cm hoch, Uhrwerkspiel-
zeug
60er Jahre
Yonezawa, Japan

150 DM

186   Celluloidesel
11 cm lang, Uhrwerkspiel-
zeug
30er Jahre
C.K, Japan

350 DM

187 Affenschaukel
30 cm lang, Uhrwerkspiel-
zeug
40er/50er Jahre
markiert »Chicago«, USA
400 DM

187 Ferdinand the Bull
18 cm lang, Uhrwerkspiel-
zeug
30er Jahre
Marx, USA
600 DM

**188 Celluloidente auf
Blechwagen**
16 cm hoch, Uhrwerkspiel-
zeug
40er Jahre
KO, Japan
450 DM

189 Reiter auf Pferd
versch. Ausführungen
12 cm lang, Uhrwerkspiel-
zeug
60er Jahre
Yone, Japan
120 DM

187

188

189

190

191

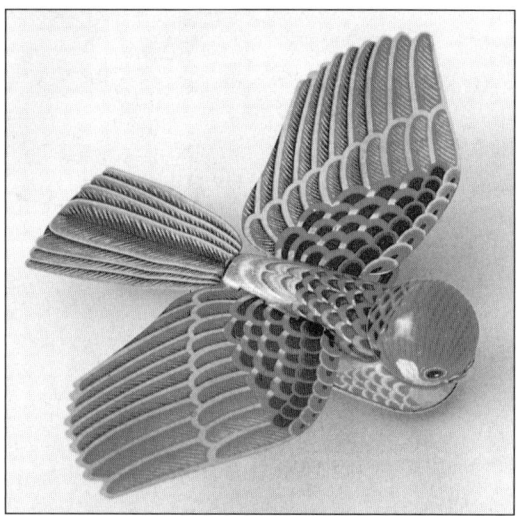

192

193

194

195

190   kleiner Bulldozer
13 cm lang, Uhrwerkspiel-
zeug
60er Jahre
Yone, Japan
50 DM

191   Roboter Nr. 7
10 cm hoch, Uhrwerkspiel-
zeug
80er Jahre
unmarkiert, Taiwan
20 DM

192   Flattervogel
22 cm breit, Uhrwerkspielzeug
60er Jahre
Yone, Japan
120 DM

193   Frosch
10 cm hoch, Uhrwerkspiel-
zeug
70er Jahre
unmarkiert, China?
50 DM

194   Überschlagaffe
11 cm hoch, Uhrwerkspiel-
zeug
70er/80er Jahre
unmarkiert, Indien
50 DM

195   Affe auf Dreirad
12 cm lang, Uhrwerkspiel-
zeug
80er Jahre
limitierte Auflage,
Paya, Spanien
220 DM

196

197

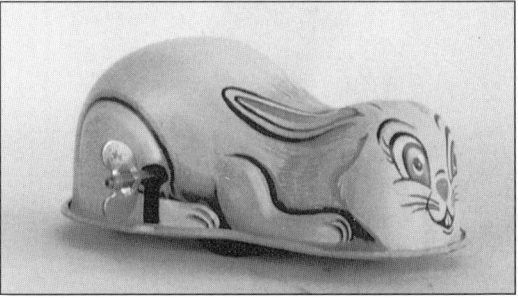

198

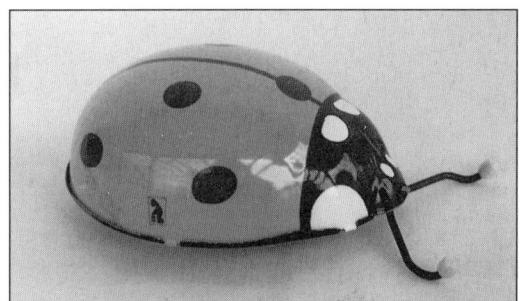

199

200

201

196 Zirkuselefant
18 cm hoch, Uhrwerkspielzeug
60er Jahre
HRD, Japan   *150 DM*

197 Kalinka und Huhn
16 cm bzw. 6 cm hoch, Uhrwerkspielzeug
80er Jahre
MB, Rußland   *um 25 DM*

198 springender Hase
12 cm lang, Uhrwerkspielzeug
60er Jahre
Yone, Japan   *60 DM*

199 Marienkäfer
10 cm lang, Uhrwerkspielzeug – Neuproduktion
unmarkiert, Tschechoslowakei   *15 DM*

200 Kürbisdämon
11 cm hoch, Uhrwerkspielzeug
60er Jahre
unmarkiert, Japan   *120 DM*

201 Wüstenspringmaus »Fips«
17 cm lang, Uhrwerkspielzeug
70er/80er Jahre
VEB, DDR   *30 DM*

202

203

204

202   Zwei Autoscooter
14 cm lang, Uhrwerkspiel-
zeug
50er Jahre
KO, Japan
je 150 DM

203   Champion Cars
11 cm lang, Uhrwerkspiel-
zeug
60er Jahre
Kanto, Japan
50 DM

204   Bulldozer A-12
15 cm lang, Kurbelantrieb
50er Jahre
KO, Japan
250 DM

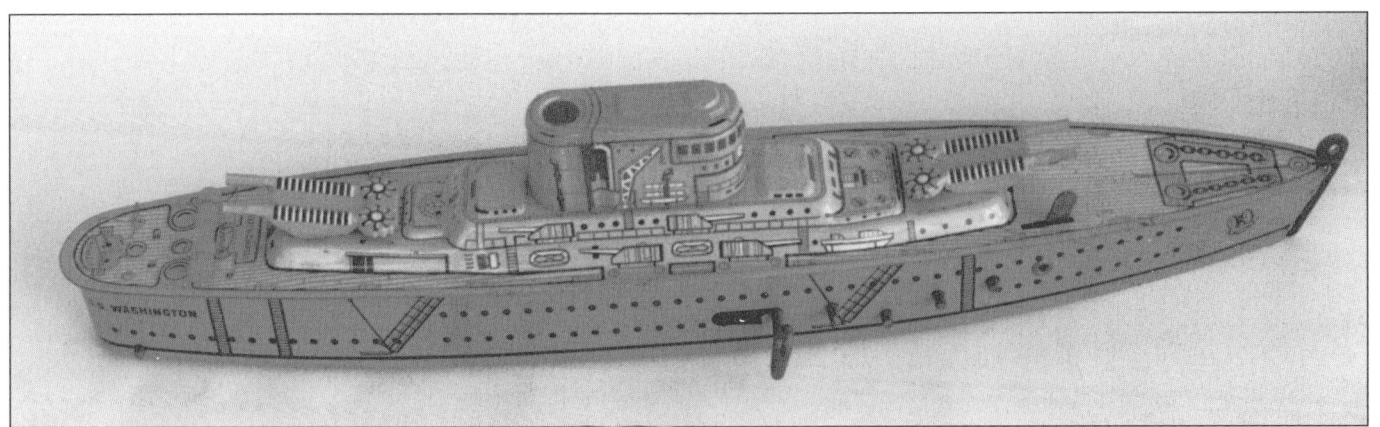

205

205 U.S.S. Washington Ship
37 cm lang, Uhrwerkspiel-
zeug
40er Jahre
Marx, USA
600 DM

206 japanischer Fisch
22 cm lang, Uhrwerkspiel-
zeug
30er/40er Jahre
unmarkiert, England
200 DM

207 M. Tank
9 cm lang, Uhrwerkspielzeug
60er Jahre
Yone, Japan
50 DM

206

207

208

209

210

211

208 Straßenwalze
22 cm lang, Uhrwerkspiel-
zeug
50er Jahre
Piku, DDR

200 DM

209 Straßenwalze
19 cm lang, Uhrwerkantrieb
neuere Produktion
KDN, Tschechoslowakei

30 DM

**210 Motorrad mit
Beiwagen**
22 cm lang, Uhrwerkantrieb
60er/70er Jahre
unmarkiert, Rußland

300 DM

211 Motorrad solo
22 cm lang, Uhrwerkantrieb
60er/70er Jahre
unmarkiert, Rußland

150 DM

212

213

212   Motorrad Nr. 2
19 cm lang, Uhrwerkantrieb
70er/80er Jahre
Technofix, Frankreich
                    100 DM

213   Katze mit Ball
10 cm lang, Uhrwerkspiel-
zeug
neue Produktion
unmarkiert, China
                    10 DM

214   Skilift
56 cm lang, Uhrwerkspiel-
zeug
70er Jahre
unmarkiert, Rußland
                    170 DM

215   Busy Diesel
56 cm lang, Uhrwerkspiel-
zeug
50er/60er Jahre
Technofix, Deutschland
                    250 DM

214

215

216

216   Autolift
26 cm breit, Uhrwerkspielzeug
60er/70er Jahre
unmarkiert, Rußland
120 DM

217   Rangierbahn
47 cm lang, Uhrwerkspielzeug
70er Jahre
unmarkiert, Rußland
200 DM

218   Polizeispiel
39 cm lang, Uhrwerkspielzeug
70er/80er Jahre
markiert Delhi, Indien
60 DM

217

218

219

219   Einschienenbahn
73 cm lang, Uhrwerkspiel-
zeug
40er Jahre
Rico, Spanien

450 DM

219

Feuerwehren

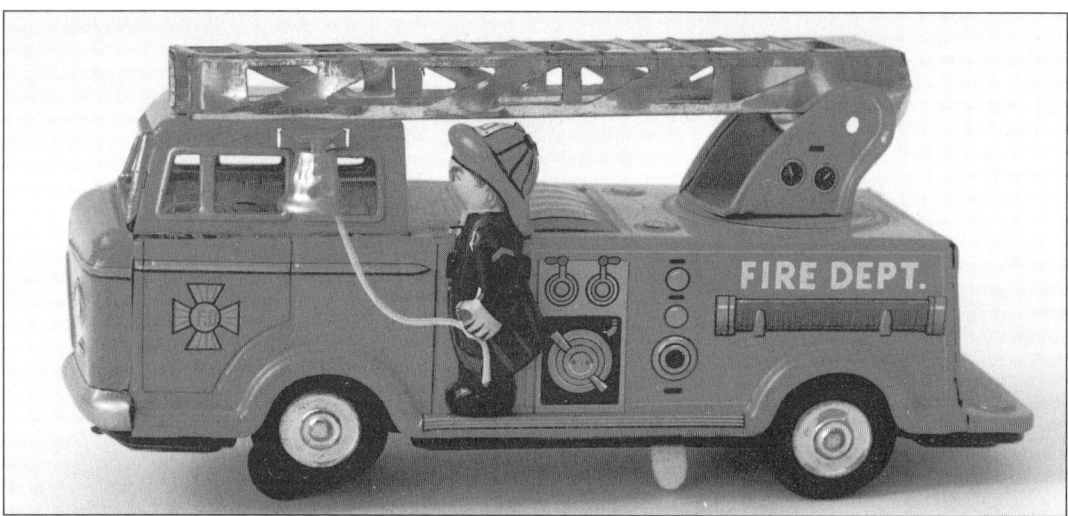

220

221

222

220 Feuerwehr mit Glocke
20 cm lang, Batteriebetrieb
60er Jahre
T.N, Japan

250 DM

221 Feuerwehr No. 105
26 cm lang, Friktionsantrieb
60er/70er Jahre
unmarkiert, Japan

120 DM

222 Fire Dept Car
32 cm lang, Batteriebetrieb
60er Jahre
K, Japan

350 DM

223 Feuerwehr
17 cm lang, Friktionsantrieb
70er Jahre
Weather Bird, Japan
100 DM

224 Feuerwehr 24670
21 cm lang, Friktionsantrieb
60er Jahre
T.N, Japan
150 DM

225 Fire Dept.
13 cm lang, Friktionsantrieb
50er Jahre
unmarkiert, Japan
200 DM

223

224

225

226

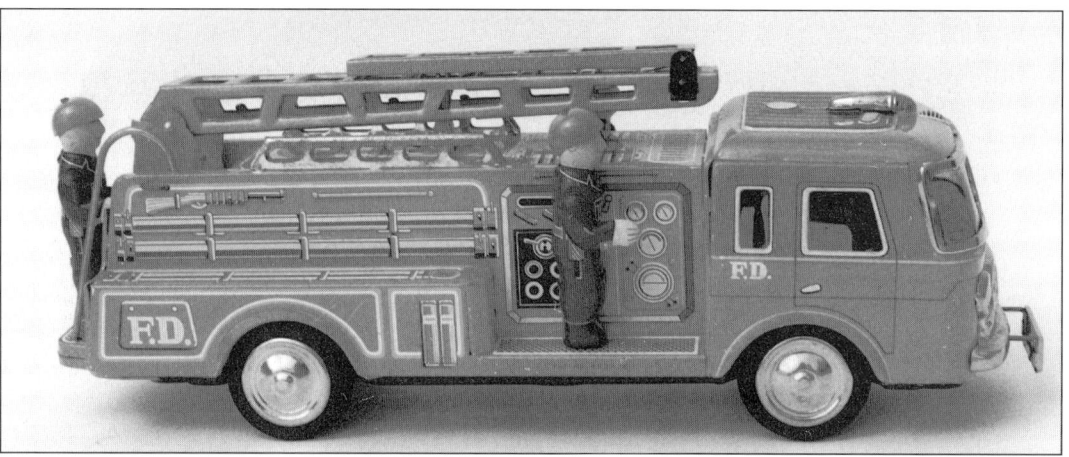

227

228

226   Feuerwehr
19 cm lang, Friktionsantrieb
70er/80er Jahre
Nekur, Türkei

80 DM

227   Fire Engine
31 cm lang, Friktionsantrieb
60er Jahre
Yonezawa, Japan

250 DM

228   Fire Engine
21 cm lang, Batteriebetrieb
60er Jahre
S.H, Japan

150 DM

229   Oldtimer Feuerwehr
28 cm lang, Batteriebetrieb
60er Jahre
S.H, Japan

300 DM

230   Feuerwehr mit Löschtank
25 cm lang, Uhrwerkantrieb
80er Jahre
unmarkiert, Frankreich

50 DM

231   Fire Truck
27 cm lang, Friktionsantrieb
70er Jahre
unmarkiert, China

100 DM

229

230

231

232

233

234

**232 Feuerwehr F.D.
No. 5**
33 cm lang, Batteriebetrieb
60er Jahre
Tomyline, Japan

200 DM

**233 Feuerwehr »Camion
pompiers«**
35 cm lang, Batteriebetrieb
70er Jahre
Joustra, Frankreich

150 DM

**234 Feuerwehr mit Feuer-
wehrmann**
29 cm lang, Batteriebetrieb
60er Jahre
Daiya, Japan

350 DM

235 Bärenfeuerwehr
41 cm lang, Batteriebetrieb
60er Jahre
MT, Japan

250 DM

236 Fire Dept. Car
25 cm lang, Batteriebetrieb
50er Jahre
T.N, Japan

350 DM

**237 kleines Feuerwehr-
auto**
12 cm lang, Friktionsantrieb
60er Jahre
markiert »G«, Indien

50 DM

235

236

237

Polizeiautos

238

238   Police Car
20,5 cm lang, Friktionsantrieb
50er/60er Jahre
Dibro, England
250 DM

239   Police Patrol
22 cm lang, Friktionsantrieb
60er Jahre
unmarkiert, China
150 DM

240   Bump and Go Police
17 cm lang, Kurbelantrieb
50er Jahre
KO, Japan
200 DM

239

240

241 Police Car
17 cm lang, Kurbelantrieb
50er Jahre
KO, Japan
200 DM

242 Polizei
16 cm lang, Batteriebetrieb
60er Jahre
ASC, Japan
150 DM

243 Mercedes Polizei
26 cm lang, Batteriebetrieb
70er Jahre
Taiyo, Japan
250 DM

241

242

243

244

245

246

244   Highway Patrol
26 cm lang, Friktionsantrieb
60er Jahre
Taiyo, Japan

200 DM

**245   Straßenkreuzer
Polizei**
22 cm lang, Friktionsantrieb
50er Jahre
unmarkiert, Japan

150 DM

246   Polizei grün/weiß
23 cm lang, Friktionsantrieb
70er Jahre
auch mit Batteriebetrieb
Joustra, Frankreich

75 DM

247   Polizei
16 cm lang, Friktionsantrieb
60er Jahre
Ichiko, Japan

100 DM

247

248 Highway Patrol
35 cm lang, Batteriebetrieb
70er Jahre
Aoshin, Japan

300 DM

249 Police Nr. 10
36 cm lang, Friktionsantrieb
60er Jahre
unmarkiert, Japan

250 DM

250 Polizei VW Bus
15 cm lang, Batteriebetrieb
60er Jahre
E.O, Japan

250 DM

248

249

250

251

251 Polizei No.152
24 cm lang, Batteriebetrieb
60er Jahre
Daiya, Japan
200 DM

252 Police Dept. Jeep
26 cm lang, Batteriebetrieb
50er/60er Jahre
T.N, Japan
300 DM

252

252

253   Polizei mit Fernlenkung
23 cm lang, Batteriebetrieb
70er Jahre
T.N, Japan

150 DM

254   Polizei mit MG
26 cm lang, Kurbelantrieb
50er/60er Jahre
T.N, Japan

350 DM

255   Police Patrol
24 cm lang, Batteriebetrieb
60er/70er Jahre
T.N, Japan

150 DM

256   Police No. 2
25 cm lang, Batteriebetrieb
60er/70er Jahre
T.N, Japan

150 DM

253

254

255

256

257

258

259

257   Oldtimer Police
17 cm lang, Friktionsantrieb
60er Jahre
Daiya, Japan
200 DM

258   Patrol Jeep
13 cm lang, Friktionsantrieb
60er Jahre
ASC, Japan
100 DM

259   Polizei mit Sirene
27 cm lang, Batteriebetrieb
60er Jahre
MT, Japan
300 DM

**260   Highway Patrol
Nr. 147**
26 cm lang, Batteriebetrieb
60er Jahre
Daiya, Japan

300 DM

261   Sheriff Car
14,5 cm lang, Friktionsantrieb
50er Jahre
T.T, Japan

150 DM

260

261

Rennwagen

262

263

264

262   Champion Car
19 cm lang, Batteriebetrieb
60er Jahre
Taiyo, Japan

120 DM

263   Rennwagen
14 cm lang, Uhrwerkantrieb
50er Jahre
Minic, England

120 DM

264   Racer Car 29
22 cm lang, Friktionsantrieb
70er Jahre
unmarkiert, China

100 DM

265   Racing Team Nr. 51
13 cm lang, Friktionsantrieb
70er Jahre
unmarkiert, Japan

30 DM

266   Rennwagen Nr. 28
17 cm lang, Batteriebetrieb
60er/70er Jahre
unmarkiert, Japan

100 DM

267   Galant GTO
33 cm lang, Batteriebetrieb
60er Jahre
unmarkiert, Japan

300 DM

265

266

267

268

269

269

270

268   Swinger Car
26 cm lang, Batteriebetrieb
60er Jahre
Taiyo, Japan

250 DM

269   Hot Rod Car
27 cm lang, Batteriebetrieb
60er Jahre
T.N, Japan

350 DM

270   Gruppe Rennwagen
24 cm lang, Batteriebetrieb
60er Jahre
Taiyo, Japan

um 300 DM

271   Toronado
25 cm lang, Batteriebetrieb
60er/70er Jahre
Taiyo, Japan

300 DM

272   Camaro
29 cm lang, Batteriebetrieb
60er/70er Jahre
Taiyo, Japan

300 DM

**273   Mustang »The
Hustler«**
26 cm lang, Batteriebetrieb
60er/70er Jahre
TPS, Japan

350 DM

271

272

273

274

275

274   Stunt Car Ferrari
28 cm lang, Batteriebetrieb
60er Jahre
Bandai, Japan

650 DM

275   Jet Racer 31
26 cm lang, Friktionsantrieb
60er Jahre
unmarkiert, Japan

300 DM

Sonstiges Spielzeug

276

277

278

276   Motorrad 83
20 cm lang, Friktionsantrieb
70er/80er Jahre
markiert OMI (Oriental Metal
Industries),
Indien

100 DM

277   Motorrad NK
16 cm lang, Friktionsantrieb
70er Jahre
Nekur, Türkei

150 DM

278   Motorrad V-211
23 cm lang, Friktionsantrieb
70er Jahre
Roman, Spanien

150 DM

279   Army Tank
6,5 cm lang, Friktionsantrieb
60er/70er Jahre
unmarkiert, Japan

30 DM

**280   einfache Blechrenn-
wagen**
9 cm lang, ohne Antrieb
70er Jahre
unmarkiert, Japan

30 DM

279

280

281

282

283

281 Bagger
44 cm hoch, ohne Antrieb
70er/80er Jahre
unmarkiert, Rußland
100 DM

282 Oberleitungsbahn
16 cm lang, Friktionsantrieb
70er Jahre
VEB, DDR   *50 DM*

283 Raupe
12 cm lang, Friktionsantrieb
70er Jahre
unmarkiert, China   *60 DM*

284 Cessna Patrol
18 cm lang, Friktionsantrieb
70er Jahre
K, Japan   *70 DM*

285 Polizeihubschrauber
18 cm lang, Uhrwerkspiel-
zeug 70er Jahre
DSK, Japan   *50 DM*

284

285

286

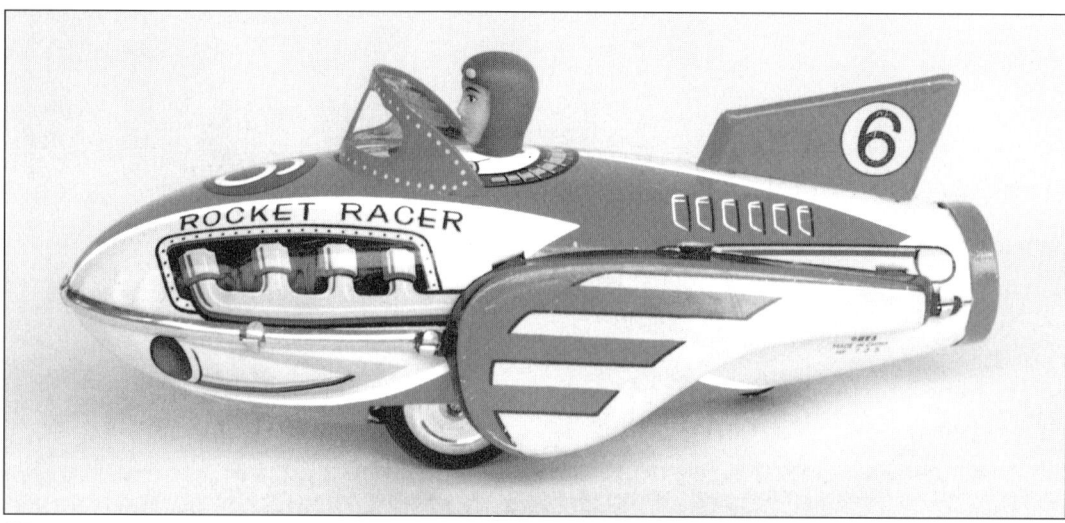

287

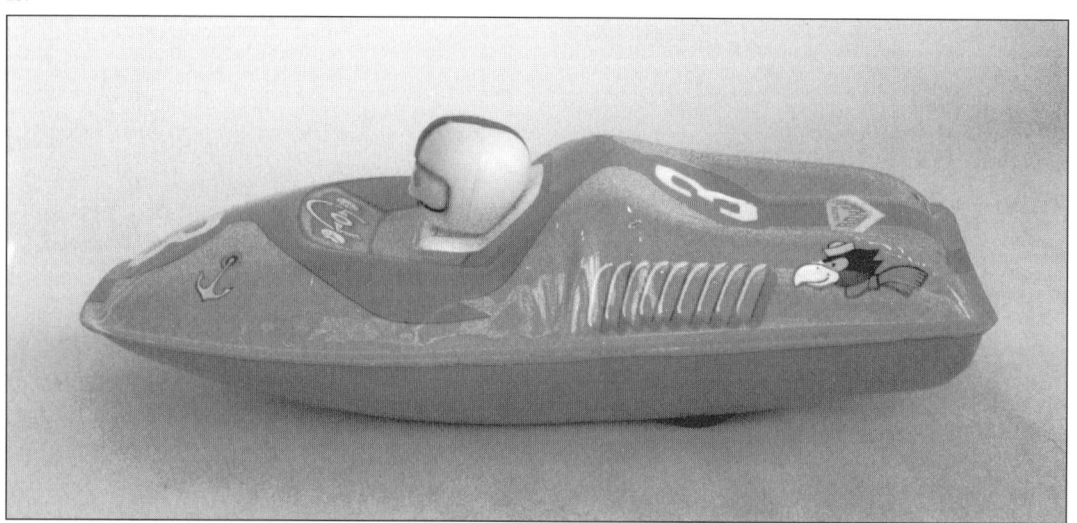

288

286 Raketenauto N.K. 880
18 cm lang, Friktionsantrieb
70er Jahre
Türk Mali, Türkei
50 DM

287 Rocket Racer
19 cm lang, Friktionsantrieb
ab 70er Jahre
versch. Ausführungen,
unmarkiert, China
30 DM

288 Rennboot
17,5 cm lang, Friktionsantrieb
70er Jahre
Roman, Spanien
30 DM

289   Platform Truck
14 cm lang, Friktionsantrieb
70er Jahre
unmarkiert, China
50 DM

290   Spardose »Holzfäller«
15,5 cm hoch, mechanisches
Spielzeug
70er/80er Jahre
Lemezarugyar, Ungarn
35 DM

291   Western Kutsche
22 cm lang, Friktionsantrieb
70er Jahre
unmarkiert, China
70 DM

292   Country Horse Cart
43 cm lang, Friktionsantrieb
60er/70er Jahre
unmarkiert, China
150 DM

289

290

291

292

293

293 Scheune mit Silo
25 cm hoch, Blechspielzeug
50er Jahre
Marx, USA

250 DM

294 Blechhaus
versch. Ausführungen
23 cm hoch, Blechspielzeug
50er Jahre
Marx, USA

200 DM

294

294

295

295 Shell Garage
62 cm breit, Mechanisches
Spielzeug
60er Jahre
unmarkiert, England

220 DM

296

297

296 Frankenstein's Hand
15 cm lang, Mechanisches
Spielzeug
60er Jahre
T.N, Japan

150 DM

**297 Lunchbox »Disneys
School Bus«**
23 cm lang
60er Jahre
Alladin, USA

250 DM

**298 Lunchbox »Robin
Hood«**
18 cm hoch
70er Jahre
Alladin, USA

70 DM

298

297

**299 Tankstelle mit drei
Fahrzeuge**
34 cm lang, Wagen ohne
Antrieb
70er/80er Jahre
unmarkiert, Rußland

100 DM

299

300

301

**300   »Penny Toy« Pferde-
wagen**
12,5 cm lang, ohne Antrieb
60er Jahre
unmarkiert, Italien
60 DM

301   Easter Pull Toy
22 cm lang, ohne Antrieb
30er Jahre
Chein, USA
300 DM

**302   Wasserkessel
»Erdbeere«**
12 cm lang, Blechspielzeug
40er Jahre
Chein, USA
100 DM

303   Raketenmann
16 cm lang, Federzugmecha-
nik
70er Jahre
unmarkiert, Rußland?
100 DM

304   Sand Clock Toy
30 cm hoch, Bewegungs-
spielzeug
40er Jahre
Rowley, USA
200 DM

302

303

304

Anhang

Blechspielzeug in der Vitrine

Wichtig beim Aufbau einer Sammlung ist, vorher eine klare Vorstellung über das künftige Sammelgebiet zu haben.

Beschränkt man sich in seiner Leidenschaft beispielsweise nur auf den sehr breit gefächerten Bereich der Batterieautomaten, hat man die Möglichkeit (wie eigentlich in jedem anderen Bereich auch) seine Sammlung nach bestimmten Kriterien geordnet in Vitrinen aufzubauen. Einige möchten sich vielleicht auf Tiere spezialisieren und sammeln alles an Affen, Bären, Hasen, Hunden, Enten. Wieder andere legen den Schwerpunkt mehr auf Figuren wie Clowns, Indianer, Cowboys oder Santa Claus; doch auch ganze Berufsgruppen wie Friseur, Köche, »Playboys« oder Seeleute lassen sich herrlich in eine solche Sammlung integrieren.

Besonders verspielte oder kreative Sammler unter Ihnen können auch regelrechte Szenen spielend nachstellen wie beispielsweise: im Büro – mit »Miss Friday the Typist«, »Bear the Boss« und »The Busy Secretary« oder ein Orchester gründen mit: »Peter Drumming Rabbit«, »Jolly Pianist« und »Bongo Monkey«, Ihrer Phantasie sind hierbei keinerlei Grenzen gesetzt.

Sammeln Sie nur Motorräder, können Sie sowohl nach Ländern als auch nach Firmen, Antriebsarten oder Herstellungszeiträumen sortiert stellen.

Das gleiche gilt für Sammler von Rennwagen, LKWs, Limousinen oder anderen Fahrzeugen.

Bewegungsspielzeuge mit Uhrwerk wie Clowns, Tiere oder Figuren in Gruppen angeordnet zu stellen, wirkt immer besser als sie in Reih und Glied wie Soldaten aufzubauen.

Für den Fall, daß Sie sich Vitrinen mit Innenbeleuchtung kaufen wollen, um Ihren Stücken den richtigen Rahmen zu geben, hier noch einige brauchbare Tips:

Achten Sie darauf, selbst wenn Sie Freunden und Bekannten Ihre Sammlung ins »rechte Licht« rücken wollen, daß Sie keine Teile zu nah an den Lampen (die sehr heiß werden können) plazieren, da empfindliche Teile aus Gummi weich oder brüchig werden und sich verformen können. Reifen sehen nach einer längeren Zeit in solchen Vitrinen aus, als hätten Sie einen Platten, rollen nicht mehr und verlieren durch diese Unachtsamkeit erheblich an Wert.

Beachten Sie diese gutgemeinten Ratschläge und Sie werden sich lange an Ihrer Sammlung erfreuen können.

Sie werden, und das ist in der Regel der normale Werdegang eines »hoffnungslosen« Sammlers, im Laufe der Zeit sicherlich einmal oder mehrmals Ihre Sammlung umstellen. Teile wieder abgeben wollen, eintauschen, vielleicht sogar Ihre komplette Sammlung verkaufen, um Profit zu machen, doch meistens und das ist weit häufiger der Fall, nach dem Verkauf der Stücke wieder von vorne anfangen, um schließlich und endlich noch exzessiver zu sammeln als vorher. Wie sagt doch so treffend ein Sprichwort, das mir bei dieser Gelegenheit gleich wieder in den Sinn kommt: »Sammeln ist eine Leidenschaft, die Leiden schafft«.

Doch was auch immer Sie zukünftig sammeln werden, ärgern Sie sich nicht über anfänglich gemachte Fehlkäufe. Lehrgeld zahlen muß jeder, und mein Buch wird Ihnen mit Sicherheit ein bißchen dabei helfen, es in Grenzen zu halten.

Noch ein letztes Wort: Geben Sie nicht leichtfertig Ihr zuerst gekauftes Teil ab, weil es vielleicht im nachhinein einer jener bereits angesprochenen Fehlkäufe war, denn ich selbst habe die Erfahrung gemacht, wie sehr man es später bereut. Außerdem bekommt man gerade dies bestimmte Teil selten wieder zurück.

Und gerade dieses erste Stück war doch schließlich einmal der Grundstock einer später liebe- und mühevoll aufgebauten Sammlung. Ein Grund mehr, es in Ehren zu halten und ihm einen besonderen Platz in der Sammlung zukommen zu lassen.

Viel Spaß beim »Dekorieren« Ihrer Vitrinen und viel Glück für zukünftige Schnäppchen wünscht Ihnen

Dieter Warnecke

Antriebsriemen aus Gummi und ähnlichen Materialien können sich so stark deformieren, daß sie spröde werden, reißen, brechen oder einfach ihre Elastizität verlieren.

Das »gefährlichste« jedoch sind Celluloidspielzeuge, die, wenn sie zu lange zu starker Hitze ausgesetzt werden, regelrecht explodieren und in Brand geraten können.